Comprendre les maladies cardio-vasculaires

Dr Chris Davidson

MODUS VIVENDI

IMPORTANT

Ce livre ne vise pas à remplacer les conseils médicaux personnalisés, mais plutôt à les compléter et à aider les patients à mieux comprendre leur problème.

Avant d'entreprendre toute forme de traitement, vous devriez toujours consulter votre médecin.

Il est également important de souligner que la médecine évolue rapidement et que certains des renseignements sur les médicaments et les traitements contenus dans ce livre pourraient rapidement devenir dépassés.

Paru sous le titre original de : *Understanding Angina & Heart Attacks*

LES PUBLICATIONS MODUS VIVENDI INC.
55, rue Jean-Talon Ouest, 2e étage
Montréal (Québec) Canada H2R 2W8

Directeur général : Marc Alain
Design de la couverture : Catherine Houle
Infographie : Olivier Lamontagne
Traduit de l'anglais par : Jean-Robert Saucyer

ISBN-13 978-2-89523-524-8

Dépôt légal - Bibliothèque et Archives nationales du Québec, 2008
Dépôt légal - Bibliothèque et archives Canada, 2008

Nous reconnaissons l'aide financière du gouvernement du Canada par l'entremise du Programme d'aide au développement de l'industrie de l'édition (PADIÉ) pour nos activités d'édition.

Gouvernement du Québec — Programme de crédit d'impôt pour l'édition de livres — Gestion SODEC

Imprimé en Chine

Table des matières

L'auteur

Le **Dr Chris Davidson** est cardiologue ; il pratique à Brighton et a déjà fait office de médecin-conseil à Rochdale. Il possède une expérience considérable des maladies coronariennes et est membre de nombreux comités nationaux sur les maladies du cœur et leur prévention.

Introduction

L'angine et les crises cardiaques occasionnent la mort de plus d'hommes au Royaume-Uni que toute autre maladie, et tuent six fois plus de femmes que le cancer du sein. La cause en est une affection des artères coronaires ou insuffisance coronaire, une maladie qui s'est répandue en Occident au cours du dernier siècle. La plupart d'entre nous connaissent un parent ou un ami qui a eu une crise cardiaque, souvent sans signe avant-coureur.

La maladie qui provoque l'angine et les crises cardiaques est simple à comprendre, et l'on peut la résumer comme suit :

- Le cœur est un muscle puissant qui entretient la vie en pompant du sang dans tout l'organisme.
- Afin de pouvoir fonctionner comme il se doit, le cœur doit compter sur un bon approvisionnement sanguin qui provient des artères coronaires.
- L'affection des artères coronaires gêne l'irrigation sanguine du cœur et peut provoquer l'angine et les crises cardiaques.

Cet ouvrage s'intéresse au comment et au pourquoi des affections des artères coronaires, à leurs incidences sur le cœur et aux choses qu'il est possible de faire pour les prévenir et les soigner.

Lumière sur les différentes appellations

Le nom générique que l'on donne à l'affection qui occasionne l'angine et les crises cardiaques est coronaropathie ou insuffisance coronaire. La cause profonde en est l'athérome, soit l'altération dégénérative de la paroi interne des artères coronaires qui deviennent peu à peu obstruées par des plaques de matières grasses. Le rétrécissement des artères entraîne le symptôme de l'angine et, lorsque les artères sont complètement obstruées, une crise cardiaque. Au cours des 50 dernières années, la recherche en médecine a permis de découvrir plusieurs des facteurs responsables de l'insuffisance coronaire et

NOM	DE QUOI S'AGIT-IL ?
Insuffisance coronaire ou coronaropathie	Affection des artères coronaires
Cardiopathie ischémique	Rétrécissement des vaisseaux sanguins qui entraîne l'ischémie, soit l'absence d'irrigation sanguine à l'intérieur du muscle cardiaque
Infarctus du myocarde, thrombose coronaire, crise cardiaque	Mort d'une zone du muscle cardiaque par suite d'une mauvaise irrigation sanguine

nous connaissons à présent plusieurs manières de la prévenir chez les sujets à risque.

Une insuffisance coronaire peut provoquer plusieurs problèmes cardiaques, qui découlent tous d'une oxygénation insuffisante du muscle cardiaque. Voici quels sont les problèmes que l'on rencontre le plus souvent.

Angine

Il s'agit d'une douleur à la poitrine que l'on éprouve d'ordinaire alors que l'on fait de l'exercice ; cela peut être un effort physique comme on en déploie tous les jours, pas seulement des activités telles que la danse aérobique ou le jogging. La douleur s'estompe si l'on prend du repos.

Crise cardiaque (ou infarctus du myocarde)

Il s'agit d'une douleur à la poitrine qui met la vie en danger lorsque les artères sont complètement obstruées, ce qui entraîne des lésions dans une zone du muscle cardiaque.

Voici d'autres troubles médicaux qui découlent souvent d'une insuffisance coronaire.

Insuffisance cardiaque

Le muscle cardiaque est abîmé et ne peut acheminer suffisamment de sang dans le reste de l'organisme, ce qui entraîne l'essoufflement (la dyspnée) et la rétention aqueuse.

Arythmie (irrégularités du rythme cardiaque)

L'irrégularité des battements du cœur peut entraîner des palpitations ; elle met parfois fin aux battements cardiaques.

Autres causes des troubles cardiaques

Toutes les maladies du cœur ne découlent pas d'une insuffisance coronaire, mais cette dernière est de loin la cause la plus répandue au Royaume-Uni. Voici quelques-uns des autres troubles cardiaques que l'on rencontre.

Cardiopathie congénitale

Malformation du cœur à la naissance, par exemple un trou au muscle cardiaque.

Cardiomyopathie

Affection cardiaque qui atteint directement le muscle du cœur plutôt que les artères coronaires.

Cardiopathie valvulaire

Détérioration de l'une des quatre valves qui régulent le débit sanguin à l'intérieur du cœur.

Qui est exposé aux maladies du cœur ?

Le nombre de personnes atteintes d'insuffisance coronaire varie grandement d'un pays à un autre. Nous croyons tous que certaines maladies sont plus répandues dans tel ou tel pays, et nous ne croyons jamais que notre pays est atteint de la même manière. Mais si nous observions la Terre depuis l'espace, nous serions aussi frappés devant les taux élevés de maladies du cœur dans les îles Britanniques que nous le sommes devant la malaria dans les tropiques.

Une maladie issue de l'opulence

En général, l'insuffisance coronaire est une maladie issue de l'opulence qui est moins répandue dans les pays en développement, notamment en Afrique. Dans les pays du nord de l'Europe, de l'Amérique du Nord et de

Décès selon la cause, chez les hommes et les femmes de moins de 75 ans

Hommes du Royaume-Uni

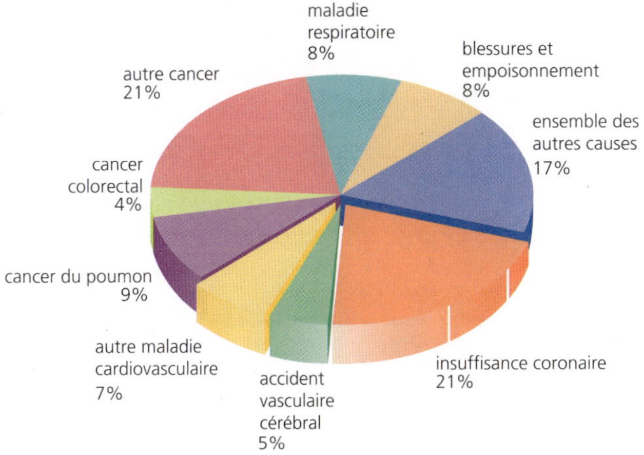

Femmes du Royaume-Uni

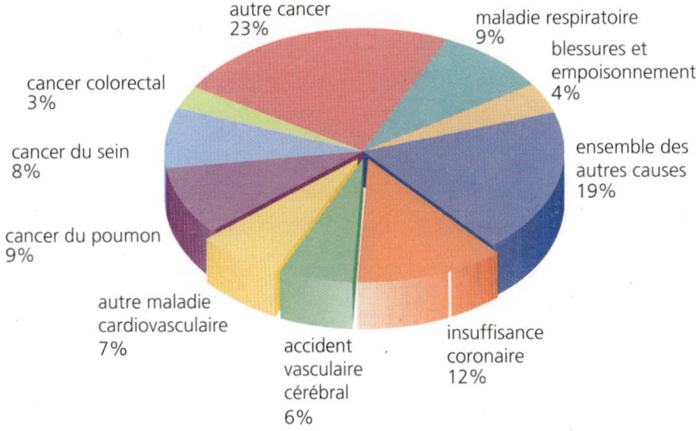

Source : Base de données statistiques de la British Heart Foundation.

Chute du taux de mortalité des suites d'une insuffisance coronaire au Royaume-Uni

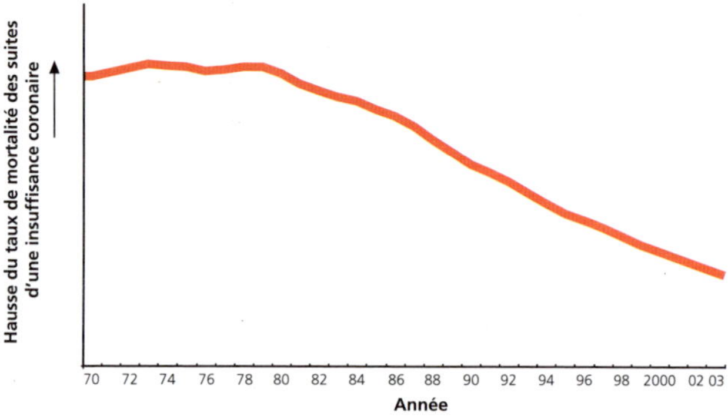

Source : Base de données statistiques de la British Heart Foundation.

l'Australasie, elle semble être en adéquation avec les habitudes de vie parce que, lorsque des gens passent d'un pays en développement à un autre plus riche, ils sont plus souvent atteints d'insuffisance coronaire que s'ils étaient restés dans leur pays d'origine. On le remarque particulièrement chez les immigrants en provenance du sous-continent indien qui se sont établis au Royaume-Uni, et qui sont même plus susceptibles d'être atteints d'une insuffisance coronaire que ceux qui sont nés dans l'archipel.

Variations selon les régions

À l'intérieur des frontières de l'Europe, on constate d'énormes différences d'un pays à un autre, voire à l'intérieur d'un même pays. Ainsi, dans le sud de l'Europe, l'insuffisance coronaire est moins fréquente

Taux de mortalité des suites d'une insuffisance coronaire selon les régions du Royaume-Uni

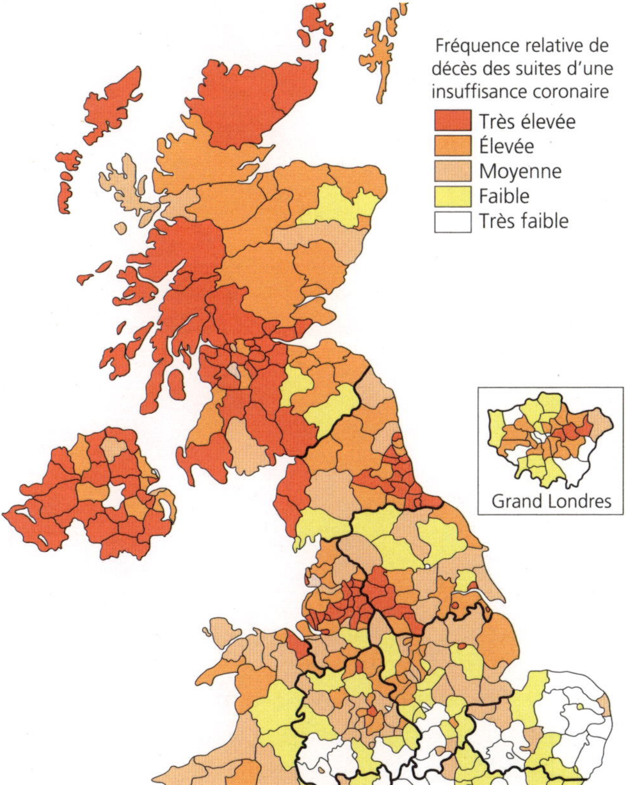

Source : Base de données statistiques de la British Heart Foundation.

Variations de l'incidence de l'insuffisance coronaire en Europe

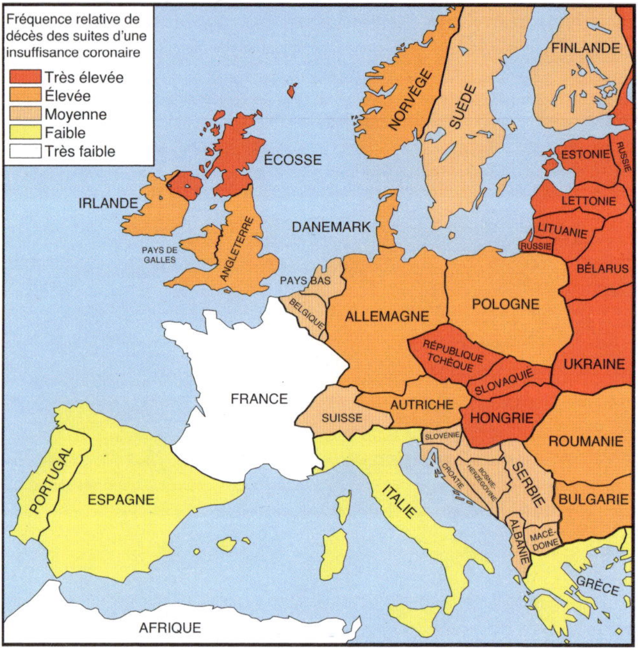

qu'au Royaume-Uni et en Scandinavie, et cela peut expliquer la popularité du régime méditerranéen. Nombre de gens croient que cette alimentation, composée en grande partie de légumes, de salades, de fruits et de poissons frais et de relativement peu de viande rouge et de produits laitiers, peut contribuer à protéger des maladies du cœur (pour plus de renseignements à ce sujet, reportez-vous aux pages 115 à 118).

À l'intérieur même du Royaume-Uni, on observe d'importantes variations entre les régions ; on constate les taux les plus élevés dans les anciennes zones industrialisées,

Comparaison du taux de mortalité des suites d'une insuffisance coronaire selon les pays

L'incidence de l'insuffisance coronaire est d'ordinaire plus élevée dans les pays plus riches que dans les pays en développement. Les taux en sont particulièrement élevés dans les anciens pays du bloc soviétique. Le tableau qui suit montre les taux de mortalité des hommes et des femmes en plusieurs pays.

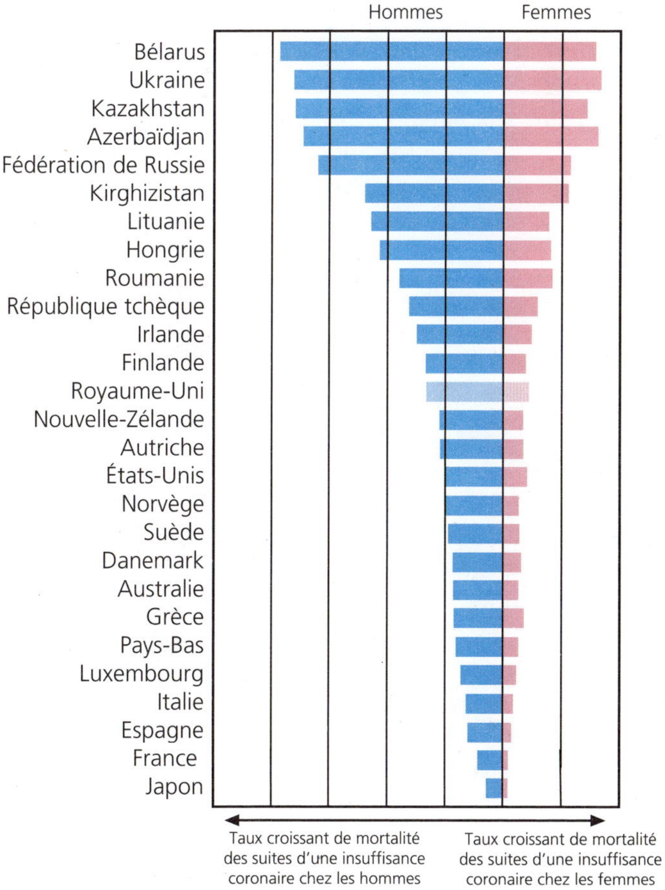

soit le nord de l'Angleterre, l'Écosse, le pays de Galles et le nord de l'Irlande.

À quel moment a-t-on décelé l'insuffisance coronaire ?

Bien que nous possédions des descriptions de l'insuffisance coronaire qui remontent à l'époque classique, elle ne fut reconnue à titre de maladie courante qu'après la Seconde Guerre mondiale. Le taux des maladies du cœur, en particulier chez les jeunes hommes, a alors enregistré une hausse alarmante. Il a atteint une crête aux États-Unis et en Australie dans les années 1970 et au Royaume-Uni au milieu des années 1980 ; il a depuis décru avec régularité dans tous les pays. Malheureusement, les taux d'insuffisance coronaire croissent rapidement en Europe de l'Est, notamment en Russie et dans les pays Baltes qui sont désormais en tête de peloton. On observe en outre des tendances qui suscitent l'inquiétude en Asie où l'opulence a entraîné avec elle une hausse marquée de l'incidence de l'insuffisance coronaire.

Malgré l'amélioration enregistrée au Royaume-Uni ces dernières années, l'insuffisance coronaire reste un problème de santé publique grave. Elle est beaucoup plus répandue chez les personnes âgées et quatre fois plus observable chez les hommes que chez les femmes. Chez les jeunes hommes, elle est la cause de décès la plus courante après les accidents.

Quelles sont les causes probables d'une insuffisance coronaire ?

Pour quelle raison l'insuffisance coronaire est-elle si répandue au Royaume-Uni ? Nul ne le sait vraiment, mais les habitudes alimentaires, le tabagisme, le manque d'exercice physique et la privation sociale semblent des coupables vraisemblables. Toutefois, la pauvreté, le manque d'exercice physique et le tabagisme sévissent en d'autres pays où le risque d'insuffisance coronaire est de beaucoup inférieur ; c'est pourquoi on désigne du doigt le régime alimentaire britannique. Au Royaume-Uni, on s'inquiète grandement du nombre croissant de personnes obèses, même chez les enfants, et, à moins de remédier à la situation, nous pourrions assister à une nouvelle recrudescence du taux d'insuffisance coronaire.

Nouveaux traitements pour l'insuffisance coronaire

La dernière décennie a vu de remarquables avancées du traitement de l'insuffisance coronaire. Il existe désormais des médicaments tels que le « briseur de caillots » que l'on administre après une crise cardiaque, des médicaments plus performants contre l'angine et de puissants inhibiteurs de cholestérol, pour ne nommer que ceux-là. Sans compter que nous comprenons mieux le rôle de quelques-uns des médicaments plus anciens tels que les agents bêtabloquants et l'aspirine. En plus de contribuer au soulagement des symptômes tels que la douleur, ils peuvent en outre ralentir, voire inverser, quelques-unes des transformations produites par la maladie.

Toutefois, les plus grandes percées ont été enregistrées au chapitre de la chirurgie et de l'angioplastie. Le pontage aortocoronarien peut transformer la vie d'une personne atteinte d'angine et peut réduire le risque d'éventuelles crises cardiaques.

L'angioplastie, une technique en vertu de laquelle on introduit de minuscules ballonnets dans les artères rétrécies ou obstruées afin de les étirer, peut s'avérer d'une grande efficacité, en particulier depuis que des endoprothèses coronaires (de fins treillis métalliques cylindriques) servent à maintenir le calibre des artères.

Voilà autant de nouvelles réjouissantes pour qui a déjà développé une affection du cœur, mais notre priorité collective doit porter sur les raisons sous-jacentes de la prévalence de l'insuffisance coronaire et sur ce qu'il y a lieu de faire pour empêcher le plus grand nombre d'en être atteint.

POINTS CLÉS

- L'insuffisance coronaire est encore aujourd'hui l'une des causes de décès parmi les plus répandues au Royaume-Uni tant chez les hommes que chez les femmes.
- Nous avons assisté à une épidémie d'insuffisance coronaire au XXe siècle qui accuse un recul à présent au Royaume-Uni, mais qui progresse dans les pays d'Europe de l'Est.
- De nouveaux traitements, dont le pontage aortocoronarien, sont d'un grand secours, mais la prévention de la maladie est préférable à tous les remèdes.

Que se passe-t-il ?

Fonctionnement du cœur

Le cœur est une sorte de pompe faite de muscles qui fonctionne sans interruption et qui fait circuler le sang dans tout l'organisme, jour et nuit, du berceau à la tombe. Il se contracte et se détend 100 000 fois par jour ; aussi lui faut-il beaucoup de sang que lui fournissent les artères coronaires.

Le cœur a pour fonction élémentaire d'acheminer du sang rouge dans l'ensemble de l'organisme, riche en oxygène et en nutriments, par l'intermédiaire d'artères bien calibrées. Après que les muscles et les autres tissus ont absorbé l'oxygène, les veines ramènent le sang (désormais bleu et désoxygéné) vers le cœur.

Le cœur compte deux côtés qui agissent comme des pompes distinctes. Ces deux moitiés sont subdivisées en deux cavités, pour un total de quatre. Les cavités supérieures ou atriums servent de réservoirs, alors que les cavités inférieures ou ventricules se contractent afin de pomper le sang.

Le côté droit du cœur reçoit le sang en provenance des veines dont le réseau s'étend à l'ensemble du corps et le propulse vers les poumons afin qu'il puisse y puiser

Système cardiovasculaire

Le schéma montre le cœur et le système circulatoire. Les veines (en bleu) ramènent le sang vers le cœur où il est alors propulsé vers les poumons et par la suite dans le reste de l'organisme par l'entremise des artères (en rouge). Les vaisseaux sanguins de plus gros calibre se ramifient en vaisseaux de plus en plus fins, jusqu'à former de minuscules réseaux de vaisseaux sanguins appelés capillaires, à l'intérieur desquels l'oxygène et les nutriments passent du sang aux cellules qui l'environnent.

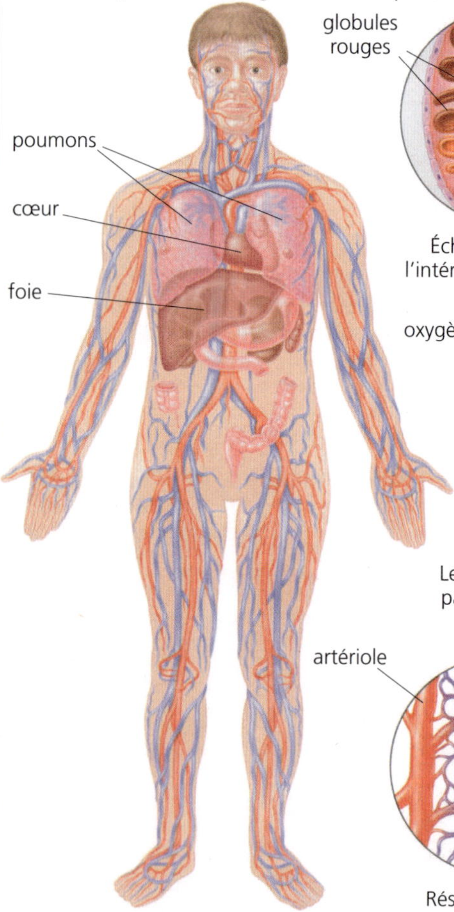

Artères en rouge, veines en bleu

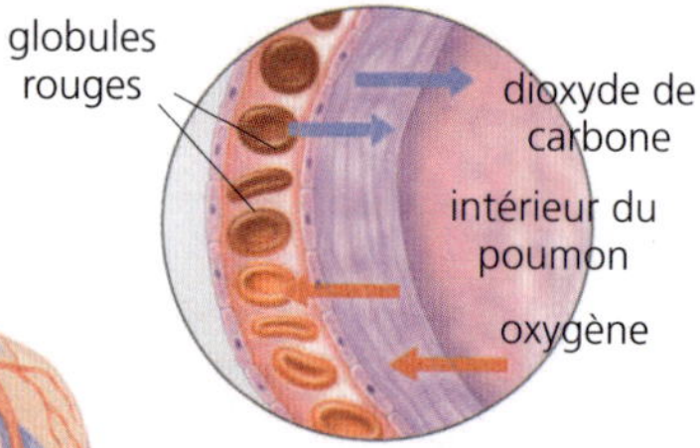

Échange gazeux à l'intérieur des poumons

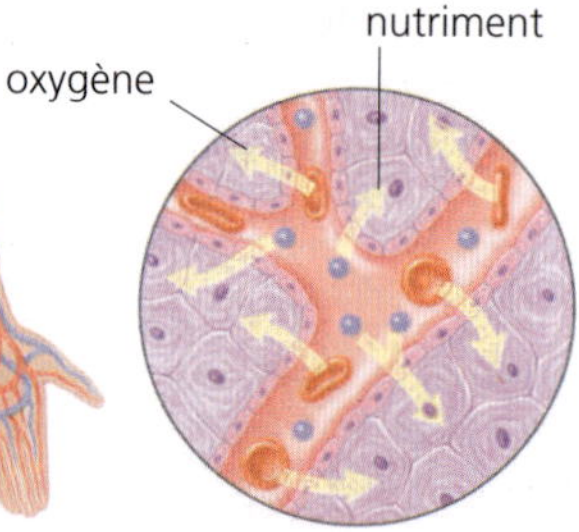

Les nutriments et l'oxygène passent du sang aux tissus.

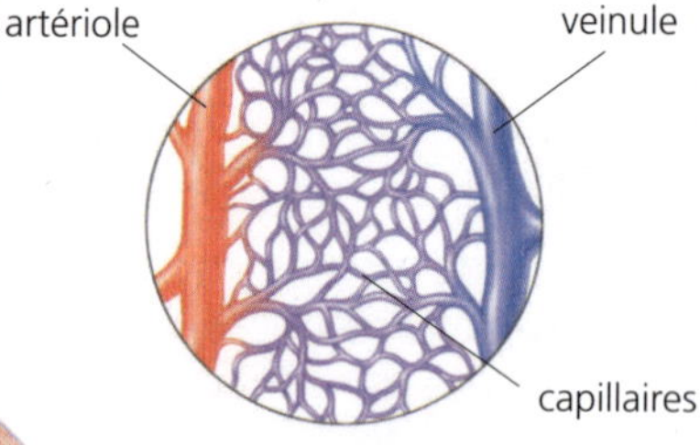

Réseau capillaire

Circulation du sang dans l'organisme

Le sang désoxygéné (bleu) des organes et des tissus du corps entre du côté droit du cœur où il est acheminé vers les poumons pour y prendre de l'oxygène. Le sang oxygéné (rouge) entre de nouveau du côté gauche du cœur où il est propulsé dans l'ensemble de l'organisme.

Sang désoxygéné en provenance de l'organisme qui entre dans le cœur

Sang oxygéné propulsé dans l'organisme

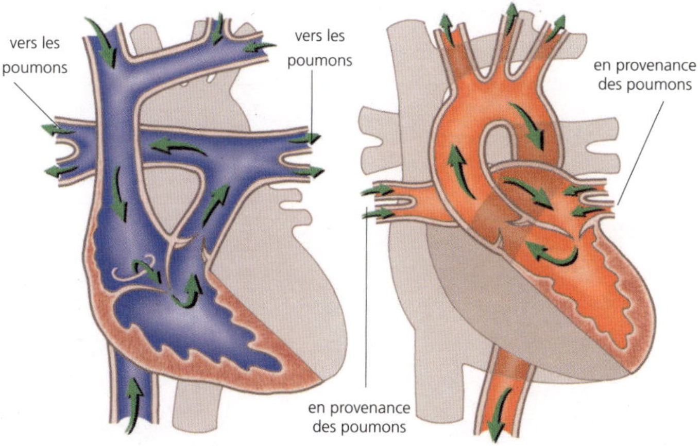

Acheminé dans les poumons pour faire le plein d'oxygène

Acheminé dans l'ensemble de l'organisme depuis les poumons

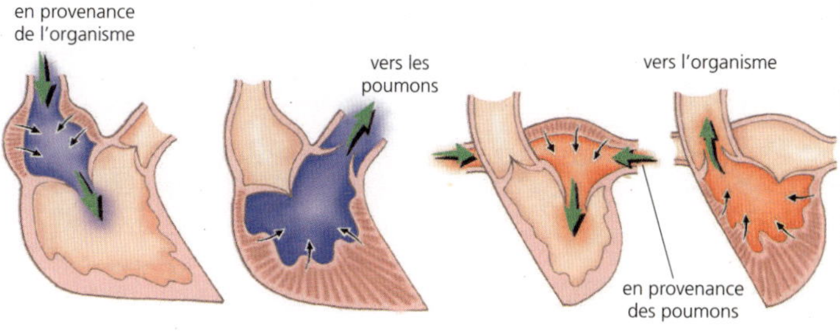

Côté droit du cœur

Côté gauche du cœur

Structure intérieure du cœur

Ce schéma montre les quatre cavités du cœur, qui agissent deux à deux de concert au cours d'un cycle rythmique. Une valvule présente à la sortie de chaque cavité empêche le sang de retourner en arrière et de circuler dans la mauvaise direction.

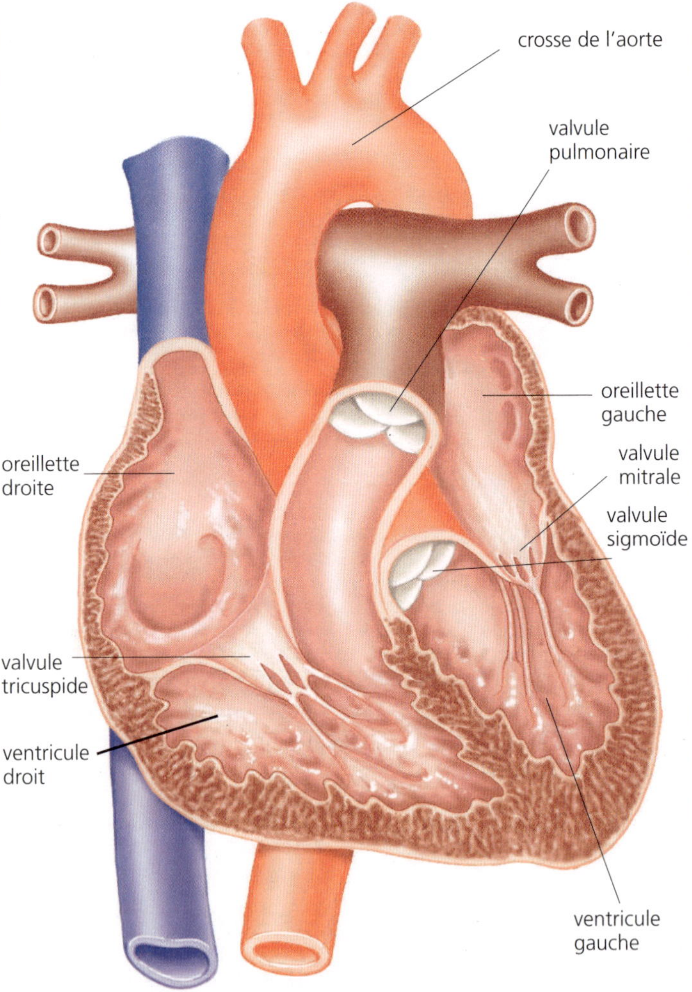

l'oxygène ; c'est au cours de ce procédé que le sang bleu redevient rouge. Le côté gauche récupère ensuite le sang qui revient des poumons et le renvoie dans l'ensemble du corps vers les muscles et les autres organes qui ont besoin d'oxygène.

Afin de se rendre à tous les organes, le sang doit être pompé sous haute pression ; vous l'aurez certes constaté si vous vous êtes déjà tranché une artère : le sang jaillit à profusion ! Pour y parvenir, le muscle cardiaque doit être puissant et, contrairement aux autres muscles, la fatigue ne l'atteint jamais ; mais il en est ainsi parce qu'il peut s'appuyer sur un approvisionnement sanguin suffisant, lequel lui provient des artères coronaires et de leurs ramifications.

Artères coronaires

Les artères coronaires débouchent de l'aorte (le principal vaisseau sanguin du cœur) alors qu'elle sort du ventricule gauche, la cavité où le sang est pompé ; elles sont donc les premières artères à recevoir du sang fortement oxygéné. Les deux artères, de droite et de gauche, sont minuscules ; leur diamètre fait 3 ou 4 mm. Elles courent à la surface du cœur pour se rejoindre à l'arrière du muscle en formant presque un cercle. Lorsque les Anciens ont découvert la forme qu'empruntent ces vaisseaux sanguins, ils y ont vu une couronne et l'ont ainsi nommée en latin (*corona*), d'où l'expression « artères coronaires » en usage aujourd'hui.

L'artère coronaire gauche compte deux ramifications, le rameau antérieur descendant et le rameau circonflexe dotés de leurs propres ramifications. Ils sont responsables dans une large proportion de l'approvisionnement sanguin du ventricule gauche, soit le plus musclé des deux ventricules, car il doit pomper du sang dans l'ensemble de l'organisme. L'artère coronaire droite est d'ordinaire de plus petit calibre et approvisionne en sang la face inférieure du cœur et le ventricule droit, la cavité où le sang est pompé vers les poumons.

Situation des artères coronaires en cas d'insuffisance coronaire

En présence d'une insuffisance coronaire, les artères coronaires deviennent plus étroites (à la manière dont l'intérieur d'une canalisation s'incruste de calcaire dans les régions où l'eau est dure) et le muscle cardiaque manque du sang et de l'oxygène dont il a besoin. Au repos, cela peut n'avoir guère d'importance, mais si votre cœur doit fournir un effort plus important que d'ordinaire, par exemple si vous gravissez un escalier, la quantité de sang pourra être insuffisante et vous éprouverez une douleur à la poitrine (reportez-vous à la rubrique intitulée « Angine » à la page 49). En général, la douleur disparaît au bout de quelques minutes de repos. Si un caillot de sang obstrue complètement l'artère coronaire, la zone du cœur qu'elle approvisionne en sang mourra (reportez-vous à la rubrique intitulée « Crise cardiaque » à la page 51).

Athérome

Le durcissement des artères, l'athérome et l'athérosclérose sont une même chose. À la naissance, les vaisseaux sanguins sont souples et élastiques, et le sang peut y circuler sans gêne. Toutefois, au début de la vie adulte, des plaques lipidiques commencent à se déposer sur les parois des artères. Elles s'accumulent peu à peu, jusqu'à former des masses qui font saillie au centre de l'artère et entravent le débit sanguin.

Irrigation sanguine du cœur

Les artères coronaires droite et gauche débouchent à la naissance de la crosse de l'aorte. Ces deux artères se ramifient ensuite en vaisseaux plus fins qui apportent du sang oxygéné aux muscles du cœur.

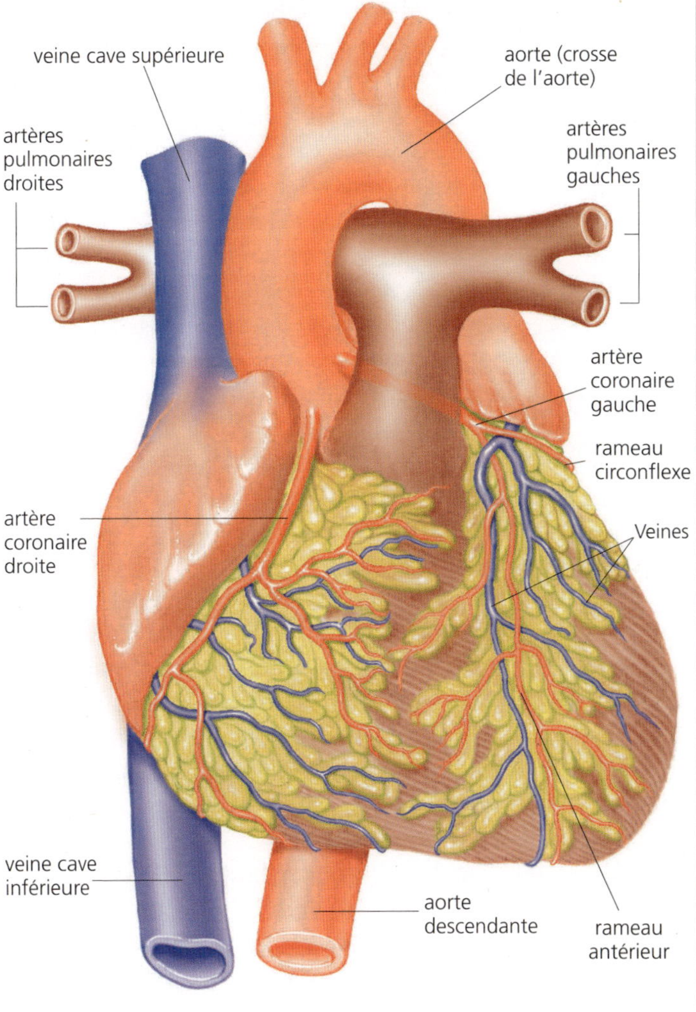

L'étendue de ces transformations et la vitesse à laquelle elles se produisent sont fonction de la quantité de matières grasses présente dans le sang (le terme technique pour désigner les graisses est « lipides »), en particulier le cholestérol à lipoprotéines de basse densité ou mauvais cholestérol comme on dit vulgairement (reportez-vous à la page 110). Les personnes dont le taux de cholestérol à lipoprotéines de basse densité est élevé sont plus à risque de connaître l'athérome grave, mais des transformations se sont opérées en chacun de nous lorsque nous atteignons l'âge mûr.

L'athérome forme des plaques lipidiques qui s'épaississent à mesure qu'elles s'étendent, qui fragilisent les parois des artères et gênent peu à peu le débit sanguin. Cette altération peut toucher n'importe quelle zone du corps ; ainsi, l'athérome dans les artères du cerveau peut provoquer un accident vasculaire cérébral, dans le tronc un anévrisme, dans un membre la gangrène et au cœur une crise cardiaque.

Quelles sont les artères touchées ?

Le durcissement des artères survient çà et là dans l'ensemble de l'organisme, en particulier à l'intérieur des artères coronaires mêmes. Le rétrécissement peut se faire à l'intérieur d'une seule artère coronaire ou d'une section d'une artère comme il peut survenir dans une artère entière. Il faut savoir ce qu'il en est afin de décider du traitement opportun.

Les médecins parlent souvent de l'insuffisance coronaire comme d'une maladie qui touche un, deux ou trois vaisseaux sanguins. Ils désignent ainsi le nombre de rameaux touchés, à savoir les deux rameaux principaux de l'artère coronaire gauche et l'artère coronaire droite. En général, il est possible de traiter un patient dont un

Progression d'un athérome

L'athérome se caractérise par des dépôts de plaques lipidiques à l'intérieur des parois des vaisseaux sanguins, qui peuvent s'étendre jusqu'à entraver le débit sanguin.

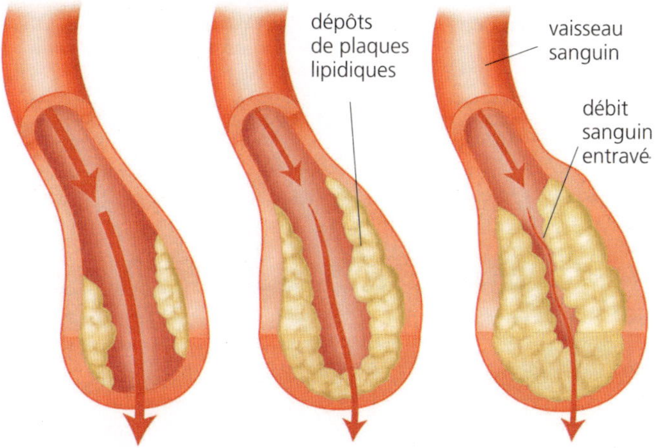

ou deux vaisseaux sont touchés avec des médicaments et une angioplastie, alors que lorsque trois vaisseaux sont atteints, c'est-à-dire toutes les artères coronaires d'importance, il faut d'ordinaire procéder à un pontage.

Thrombose

Thrombose est le terme médical employé pour désigner un caillot sanguin ; il s'agit en outre du phénomène naturel qui s'opère pour arrêter le saignement lorsqu'on se blesse. Pour mettre fin à la coagulation du sang en temps inopportun, des substances chimiques, qui sont des anticoagulants naturels, circulent dans notre sang.

Lorsque nous nous taillons la peau et qu'un vaisseau sanguin est percé, une gamme de substances chimiques qui active le sang et favorise sa coagulation est sécrétée

Les effets cliniques de l'athérome

Voici un schéma du corps humain qui montre les endroits touchés et les incidences possibles de l'athérome.

Insuffisance coronaire
Les artères coronaires qui irriguent le muscle cardiaque et lui apportent ses nutriments ont rétréci et le muscle cardiaque manque du sang qui lui est nécessaire.

Accident vasculaire cérébral
Lorsqu'un vaisseau sanguin qui apporte des nutriments essentiels au cerveau est obstrué, les cellules qu'il est censé irriguer meurent.

Anévrisme
Les dépôts de plaques lipidiques à l'intérieur d'une artère peuvent renfler et affaiblir la paroi. Il y a alors risque de rupture de la paroi avec de graves incidences.

Gangrène
Lorsque s'obstruent les artères qui irriguent la partie inférieure du corps, la gangrène peut apparaître.

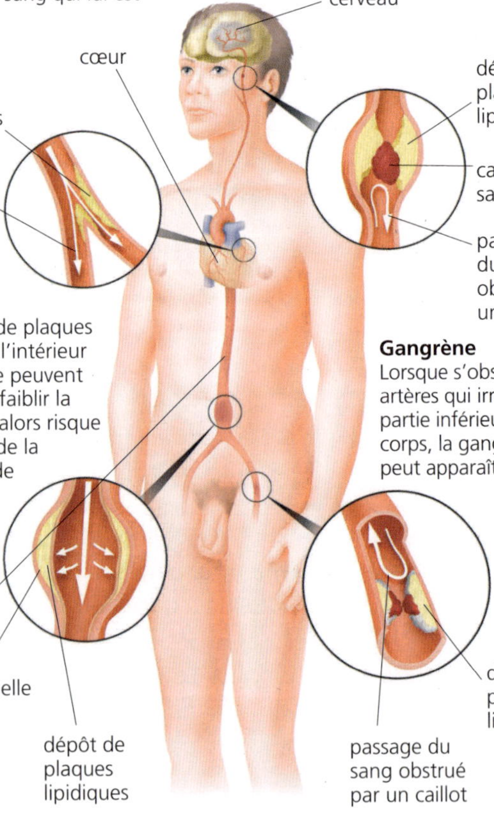

à proximité de la blessure. Dans le cas d'une insuffisance coronaire, le caillot se forme, non pas en raison d'une blessure extérieure, mais à cause des lésions à la paroi de l'artère provoquées par la maladie.

Dans la plupart des cas, la paroi des artères est lisse et il ne s'y trouve aucun endroit où un caillot pourrait se former. Lorsque l'athérome fait son apparition, la paroi n'est plus lisse et, quand des lésions craquellent sa surface, de minuscules cellules sanguines appelées plaquettes adhèrent à ces lésions afin de les colmater. Il n'y a pas lieu de s'en plaindre, pour peu que les lésions soient fines ; mais lorsque le calibre d'une artère est grandement réduit, le plus petit caillot sanguin peut entraver la circulation. Nous savons à présent que ce phénomène est la principale cause de la détérioration soudaine d'une angine, dite angine instable (reportez-vous à la page 50).

Nous croyons qu'un phénomène quelque peu différent est responsable des crises cardiaques. À l'intérieur d'une artère, les dépôts de plaques lipidiques sont entourés de tissu cicatriciel issu du cholestérol même. Ce tissu forme une couronne fibreuse sur le dessus du dépôt, qui est beaucoup plus rigide que le reste de l'artère.

Le moindre stress soudain peut provoquer le fractionnement de cette couronne et abîmer encore plus la paroi de l'artère. Par conséquent, un caillot plus imposant se forme et obstrue souvent l'artère. Alors, le sang ne peut se rendre au muscle cardiaque au-delà de ce caillot, de sorte que cette zone du muscle meurt.

L'insuffisance coronaire entraîne souvent une thrombose. Elle est à l'origine de la plupart des dégradations soudaines liées à l'angine et de la plupart des crises cardiaques. Ainsi que nous le verrons, de nouveaux traitements s'avèrent très efficaces quand il s'agit d'évacuer ces caillots sanguins. Nous disposons désormais de médicaments puissants et complexes qui dissolvent le caillot à l'origine d'une crise cardiaque et d'autres, plus simples mais aussi efficaces tels que l'aspirine, qui peuvent prévenir la formation d'un caillot.

Crise cardiaque

Une crise cardiaque survient lorsqu'une artère coronaire atteinte est carrément obstruée par un caillot sanguin ou thrombus. Le muscle cardiaque (ou myocarde) en amont du caillot est soudain privé de sang et d'oxygène, et l'on sent naître une douleur qui s'intensifie chaque minute. À moins que le caillot ne se déloge seul, ce qui se produit rarement, cette zone du cœur meurt en l'espace de 5 à 10 minutes, ce qui donne lieu à une crise cardiaque complète ou infarctus du myocarde pour employer le langage des spécialistes.

L'ampleur d'une crise cardiaque et la quantité de muscle abîmé tiennent à plusieurs facteurs. Le premier est le calibre de l'artère : plus l'artère obstruée est importante, plus grande sera la zone abîmée. Le deuxième facteur tient à ce que la zone abîmée soit généralement plus importante si les autres artères coronaires sont atteintes. Enfin, l'ampleur d'une crise cardiaque est tributaire du fait que la zone musculaire ait accumulé ou non une réserve de sang accessoire (reportez-vous à la page 28).

Si des artères accessoires sont apparues afin d'irriguer la zone menacée, les dégâts sont moins graves. Faire régulièrement de l'exercice est un bon stimulus à la formation de vaisseaux collatéraux ; cela explique pourquoi l'exercice tient une part importante du traitement réservé aux personnes qui font de l'insuffisance coronaire.

À l'exception de la douleur, la conséquence immédiate des dégâts occasionnés au muscle tient à ce que le

Thrombose coronaire

Une thrombose coronaire survient lorsqu'un caillot se forme à l'intérieur des artères coronaires qui irriguent de sang le muscle cardiaque. Au cours d'une crise cardiaque, un caillot de sang se forme sur une fissure de la plaquette fibreuse d'un vaisseau atteint.

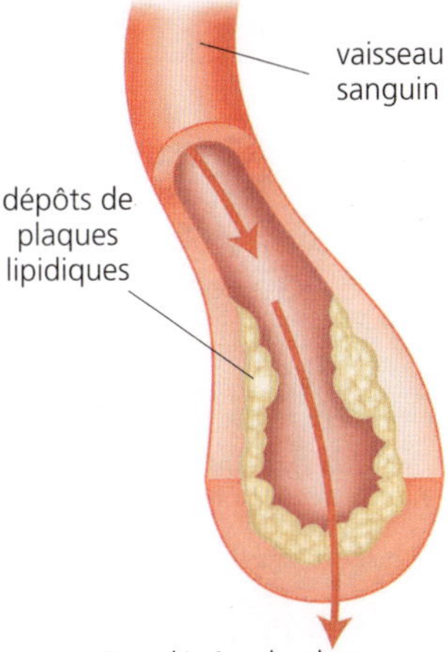

Des dépôts de plaques lipidiques adhèrent aux parois de l'artère.

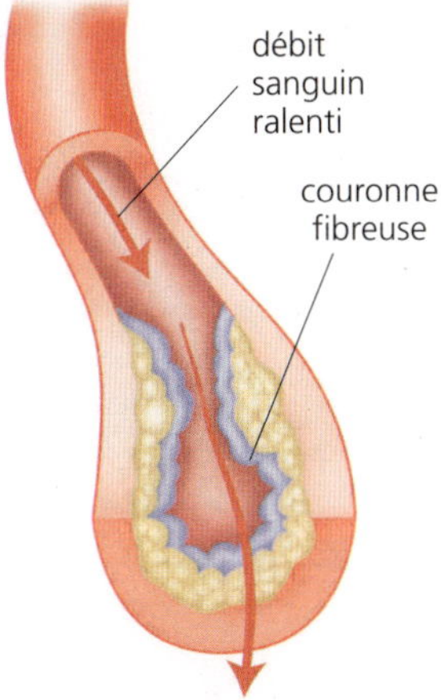

Un tissu cicatriciel forme une couronne fibreuse sur les dépôts de plaques lipidiques.

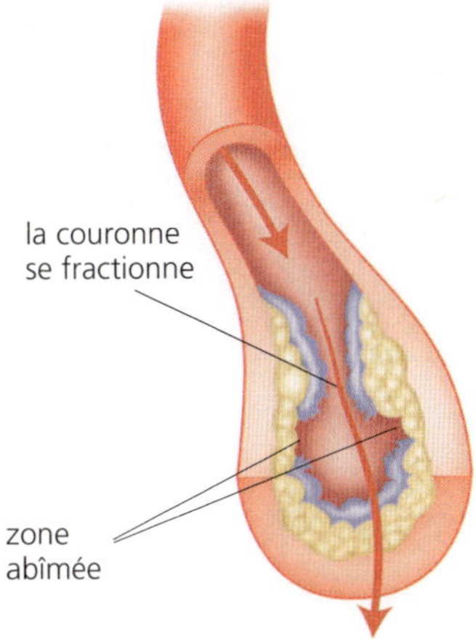

La couronne est rigide et se fractionne, créant une zone abîmée importante.

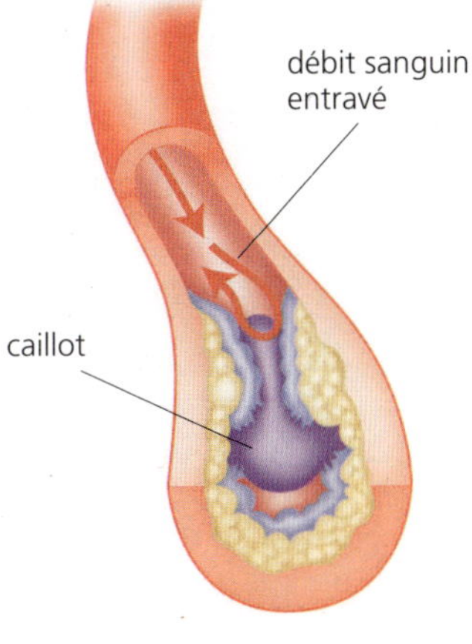

Un caillot se forme afin de colmater la zone abîmée, ce qui obstrue l'artère.

Que se produit-il au cours d'une crise cardiaque ?

Une crise cardiaque survient lorsqu'un caillot de sang obstrue un ou plusieurs des vaisseaux sanguins qui véhiculent l'oxygène vers le muscle cardiaque.

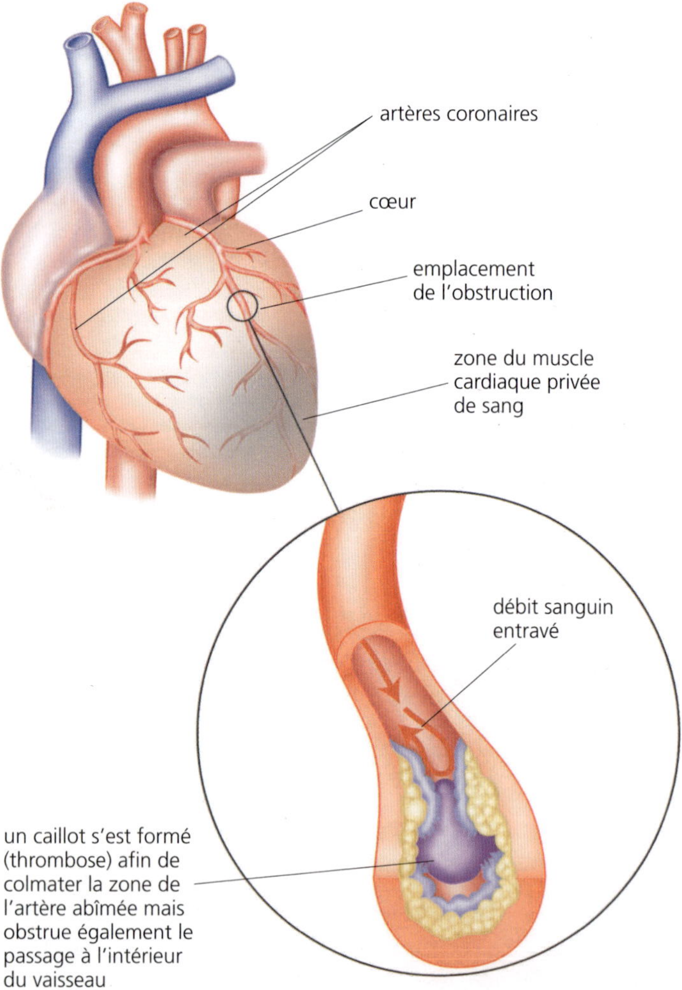

cœur ne pompe plus le sang aussi bien qu'avant et que la tension artérielle risque de tomber et d'entraîner dans sa chute la lipothymie (ou perte de connaissance), des sueurs ou la nausée. L'autre grand problème des premiers stades touche les irrégularités du rythme cardiaque ou arythmies cardiaques. Ces arythmies peuvent mettre la vie en danger et mener à un arrêt cardiaque. Par conséquent, il est essentiel que le cœur fasse l'objet d'une surveillance continue au cours des deux premiers jours suivant l'accident, au service des soins cardiologiques d'un hôpital. Heureusement pour les patients, les arythmies se font rares au bout de deux ou trois jours, et c'est alors qu'on les dirige vers la salle commune où ils recouvrent la santé avant de retourner à la maison.

Après une crise cardiaque, l'organisme lance sans tarder l'opération de réparation des dégâts. Des cellules évacuent les tissus musculaires morts ou abîmés et des tissus fibreux ou cicatriciels se forment. Ce phénomène s'échelonne sur six à huit semaines. La cicatrice même est solide, mais malheureusement le muscle cardiaque qui est perdu ne peut être remplacé et le cœur s'en sort à coup sûr affaibli. Ceux dont la crise cardiaque est légère constatent par la suite peu de différence au niveau de l'action du cœur. Toutefois, si une importante zone musculaire est abîmée, le cœur augmente de volume et ne peut plus pomper le sang de manière efficace. Le patient est alors atteint d'insuffisance cardiaque.

Insuffisance cardiaque

De nombreuses maladies touchant le cœur peuvent être à l'origine de l'insuffisance cardiaque, en particulier l'hypertension artérielle, mais au Royaume-Uni l'insuffisance coronaire est peut-être la cause la plus courante. Lorsque le cœur ne pompe plus le sang comme il se doit,

Circulation collatérale

Lorsqu'une artère est obstruée, l'organisme est souvent en mesure de former un réseau de minuscules vaisseaux sanguins qui contournent le lieu de l'obstruction afin d'assurer le débit sanguin.

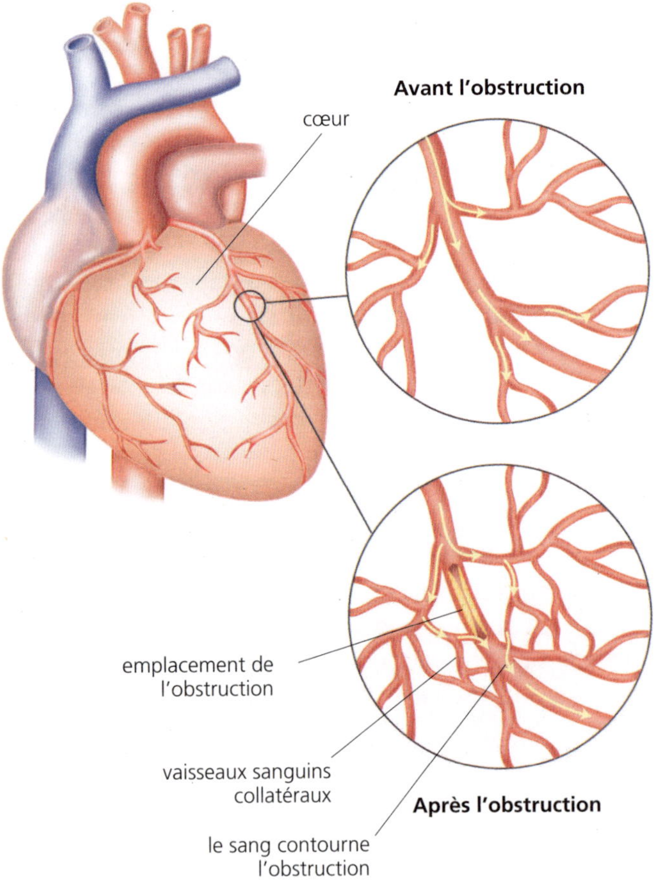

de l'eau se dépose dans les sacs alvéolaires des poumons, ce qui entraîne l'essoufflement. La congestion du reste de l'organisme provoque également la rétention aqueuse, qui fait enfler les chevilles et les jambes.

Pendant nombre d'années, le traitement s'appuyait sur des diurétiques, qui stimulent l'excrétion de l'eau de l'organisme et des poumons. À présent, nous disposons de nouveaux médicaments appelés inhibiteurs de l'enzyme de conversion de l'angiotensine (ECA) (reportez-vous à la page 98) et d'agents bêtabloquants (reportez-vous à la page 74) dont l'efficacité est avérée.

L'autre conséquence de la cicatrisation du muscle cardiaque tient à ce qu'elle gêne les procédés électriques chargés d'assurer le rythme normal du cœur. Cela entraîne des irrégularités ou arythmies cardiaques. La plus courante de ces arythmies est la fibrillation auriculaire, que l'on traite en général avec de la digoxine, un ancien médicament dérivé des feuilles de digitale pourpre. On peut traiter les autres types d'irrégularité à l'aide de bêtabloquants et de médicaments plus récents.

Que se passe-t-il au fil du temps ?

L'insuffisance coronaire est un état pathologique graduel et imprévisible. Les dépôts de plaques lipidiques peuvent s'accumuler très lentement à l'intérieur des artères en l'espace de 20 à 30 années. Pendant près de tout ce temps, aucun symptôme n'est décelable et l'angine se manifeste seulement lorsqu'une ou plusieurs artères coronaires se rétrécissent de plus de 70 % et que le débit sanguin est compromis.

Étant donné que la dégradation s'effectue si lentement, le cœur trouve le moyen de surmonter ces transformations en développant de nouveaux vaisseaux sanguins dits collatéraux (reportez-vous à la page 28).

Essoufflement

L'essoufflement est un symptôme répandu d'insuffisance cardiaque.

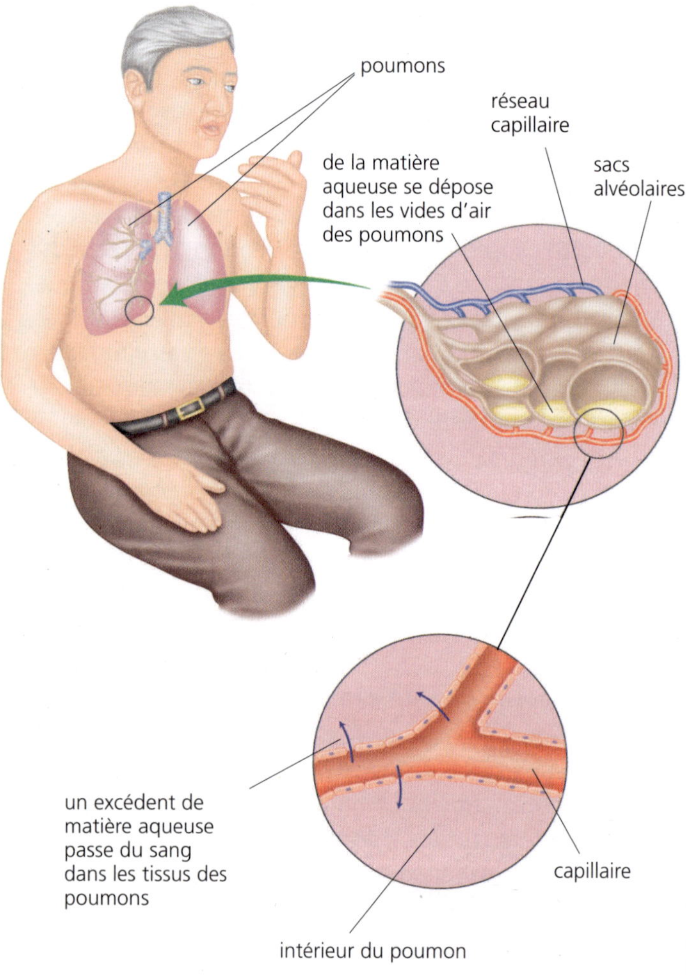

Chevilles enflées

Bon nombre de choses peuvent entraîner l'enflure des chevilles, mais elle peut être un symptôme d'insuffisance cardiaque.

Une contre-pression à l'intérieur des veines doublée à la gravité contrecarre le retour du débit sanguin dans les veines.

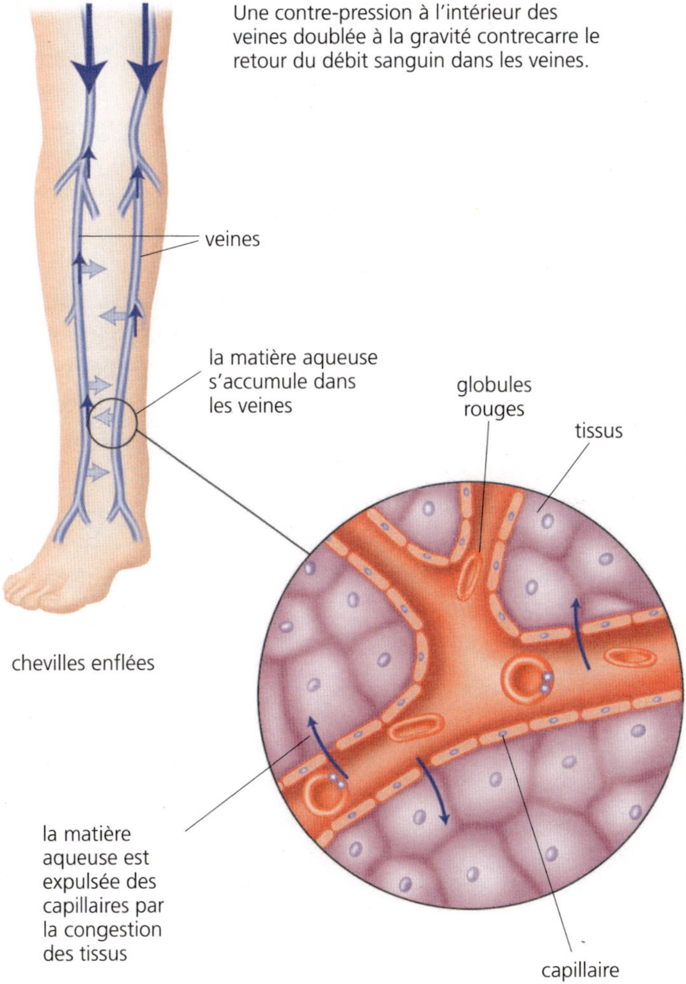

Les artères coronaires forment en fait un réseau de vaisseaux sanguins autour du cœur et, lorsque l'un d'eux est trop étroit, l'un des autres rameaux tisse des vaisseaux collatéraux afin d'irriguer la zone atteinte du muscle cardiaque.

Bien que l'accumulation d'athérome coronaire s'effectue lentement, un caillot peut se former en tout temps. Les personnes qui font une crise d'angine à l'occasion peuvent voir soudain leur état s'aggraver. Heureusement pour elles, une telle chose survient rarement ; seules 5 pour cent des personnes atteintes d'angine font une crise cardiaque au cours d'une année.

On s'inquiète davantage de ce qu'une crise cardiaque peut survenir sans crier gare chez quelqu'un qui ignore qu'il est atteint d'une maladie du cœur. La cause peut en être qu'un petit dépôt de plaques lipidiques, qui n'occasionne aucun inconvénient réel par rapport au débit sanguin, se fractionne soudainement et entraîne la formation d'un caillot qui vient obstruer une artère.

Nous commençons à mieux comprendre ce phénomène et nous disposons de nouveaux médicaments qui peuvent empêcher une telle chose de se produire.

Observations médicales

Arthur, 64 ans

Il y a trois mois de cela, Arthur s'est rendu compte qu'il éprouvait une douleur à la poitrine chaque fois qu'il montait un escalier ou qu'il gravissait la côte qui conduit à sa maison, en particulier par temps froid. Son généraliste lui a appris qu'il faisait de l'angine et lui a prescrit un antiangoreux appelé aténolol. Arthur se sent de nouveau bien et ne présente plus de symptôme.

Jacques, 52 ans

Jacques était un athlète et un marathonien. Son père est décédé d'une crise cardiaque à l'âge de 64 ans. Jacques se sentait plutôt bien, mais alors qu'il participait à une course, il s'est effondré en souffrant d'une douleur à la poitrine et est mort sur le coup. Une autopsie a révélé qu'une crise cardiaque était la cause de son décès.

POINTS CLÉS

- Le muscle cardiaque est absolument tributaire des artères coronaires qui l'approvisionnent en sang qu'il pompe ensuite dans l'ensemble de l'organisme.
- Il y a insuffisance coronaire lorsque les artères coronaires sont obstruées par des dépôts de plaques lipidiques (ou athérome).
- Le rétrécissement des artères coronaires occasionné par l'athérome prive le muscle cardiaque d'oxygène, ce qui se traduit par une douleur à la poitrine (ou angine).
- Lorsqu'un caillot obstrue tout à fait une artère coronaire atteinte, on assiste à une crise cardiaque et le muscle au-delà de ce caillot meurt.
- À la suite d'une crise cardiaque, le muscle abîmé se cicatrise ; pour peu que la cicatrice ne soit pas trop importante, le patient peut recouvrer la santé.

Les causes de l'insuffisance coronaire

Comprendre les facteurs de risque

Il ne semble pas exister une cause unique de l'insuffisance coronaire, du moins nous n'en connaissons pas. La recherche a toutefois montré que plusieurs choses prédisposent un individu à cette maladie et ces choses sont des facteurs de risque. Au même titre qu'un homme de grande taille est davantage susceptible de se frapper la tête au chambranle d'une porte qu'un nain, les personnes qui comptent un ou plusieurs facteurs de risque sont plus susceptibles de faire une crise cardiaque que celles qui n'en comptent pas. Tous les hommes de grande taille ne se frappent pas la tête à un chambranle de porte et toutes les personnes qui comptent des facteurs de risque ne font pas une crise cardiaque, mais la possibilité est plus grande.

Les facteurs de risque de l'insuffisance coronaire se répartissent entre ceux pour lesquels il est possible de faire quelque chose (qui sont modifiables) et ceux pour lesquels on ne peut rien (non modifiables) (reportez-vous

FACTEURS DE RISQUE D'UNE MALADIE DU CŒUR	
Modifiables	**Non modifiables**
• Le tabagisme • Un taux élevé de cholestérol • L'hypertension • Le diabète • L'obésité • Le stress • Le manque d'exercice physique	• Les facteurs génétiques tels qu'un taux héréditaire de cholestérol élevé • Le sexe – plus d'hommes que de femmes sont atteints d'insuffisance coronaire • L'âge

au tableau de la page 35). Le risque que vous ou moi développions une insuffisance coronaire s'accroît avec le nombre de facteurs de risque que vous ou moi cumulons, et ces risques se multiplient entre eux. Ainsi, un fumeur dont le taux de cholestérol est élevé et qui fait de l'hypertension encourt davantage de risques que s'il ne comptait qu'un seul de ces facteurs.

Par ailleurs, un taux de cholestérol élevé sans autre facteur de risque signifie seulement que le risque encouru est quelque peu supérieur à la moyenne. Il peut n'y avoir aucun motif d'inquiétude si, pour le reste, vous êtes en bonne forme. Devant le doute, votre médecin saura vous conseiller.

Âge et sexe

Les maladies du cœur, à l'instar des autres maladies, deviennent plus courantes à mesure que l'on vieillit. Au Royaume-Uni en ce moment, plus de la moitié des crises cardiaques surviennent dans la population de plus de 65 ans et les statistiques augmentent à mesure que les gens vieillissent.

Ce qui frappe le plus, c'est que dans la population de moins de 55 ans, l'insuffisance coronaire est une maladie plus répandue chez les hommes que chez les femmes. La cause en est qu'avant la ménopause (la période au cours de laquelle les règles cessent), les femmes font très rarement des crises cardiaques. Après la ménopause, l'insuffisance coronaire devient plus répandue ; de sorte que le taux des femmes s'approche graduellement de celui des hommes, et après l'âge de 75 ans les taux sont à peu près identiques.

Nous ne savons pas au juste pour quelle raison les femmes sont protégées contre l'insuffisance coronaire avant la ménopause, mais il est probable que ce phénomène soit lié à la production d'hormones, qui cesse avec l'arrêt des menstruations. Malheureusement, un traitement hormonal de substitution ne prévient pas les crises cardiaques après la ménopause, bien qu'il puisse être utile pour soulager d'autres ennuis de santé tels que l'ostéoporose.

Antécédents familiaux

Les médecins parlent d'antécédents familiaux positifs lorsqu'un ou plusieurs des proches (parent, frère, sœur ou enfant) d'un patient ont fait de l'insuffisance coronaire. Si votre père a eu une crise cardiaque avant 60 ans ou votre mère avant 65 ans, vous courez davantage de risques d'être atteint d'insuffisance coronaire. Mais si vos parents ont vécu longtemps, jusqu'à un âge où les crises cardiaques sont choses fréquentes, cela ne devrait pas trop vous préoccuper.

Le même principe vaut pour les frères et sœurs, bien que, dans les familles nombreuses, le fait qu'un membre subisse une crise cardiaque peut être le fruit du hasard.

En quoi l'insuffisance coronaire peut-elle devenir une affaire de famille ? Une partie de l'explication est que les gènes que nous transmettent nos parents peuvent nous prédisposer à un taux de cholestérol élevé, à l'hypertension ou au diabète. L'insuffisance coronaire peut en outre être la conséquence d'habitudes de vie semblables, car les membres d'une même famille ont souvent des habitudes alimentaires identiques et les enfants sont souvent fumeurs si les parents le sont.

Si des membres de votre famille sont atteints de maladies du cœur, vous devriez faire un bilan de santé de temps en temps pour vous assurer que vous n'avez pas un taux de cholestérol élevé, de l'hypertension ou d'autres ennuis qu'il serait possible de traiter afin de réduire le risque que vous encourez.

Alimentation et cholestérol

Ainsi que nous l'avons vu, l'athérome est la principale cause d'insuffisance coronaire. Des dépôts de plaques lipidiques et, en particulier, de cholestérol se forment sur les parois des artères. Cela les rend plus étroites et gêne la circulation sanguine. Lorsque les plaques se rompent, un caillot se forme sur la zone abîmée, ce qui entrave la circulation du sang et entraîne une crise cardiaque. On constate en général ce phénomène chez les personnes dont le taux sanguin de cholestérol est élevé.

Votre taux sanguin de cholestérol est en partie tributaire de votre bagage génétique. Certaines familles véhiculent des gènes propres à des taux sanguins élevés de matières lipidiques ; c'est ce qu'on appelle l'hyperlipidémie familiale. Toutefois, l'alimentation tient un rôle important pour décider du taux de cholestérol présent dans le sang. Plus vous consommez de matières grasses (en particulier les matières grasses d'origine animale et les produits laitiers), plus votre taux de cholestérol sera élevé et plus vous serez à risque de faire de l'insuffisance coronaire (reportez-vous au schéma ci-dessous). Aussi, il est vraiment utile de réduire le pourcentage de matières grasses d'origine animale que vous consommez (pour plus de renseignements, reportez-vous à la page 116).

Consultez l'ouvrage de la présente collection intitulé *Comprendre le cholestérol* pour en savoir davantage.

Tabagisme

La fumée de cigarette est étroitement liée à l'insuffisance coronaire. Les poumons absorbent les produits chimiques présents dans la fumée de cigarette, qui se retrouvent alors dans les vaisseaux sanguins, circulent dans l'organisme et touchent toutes les cellules. Ces produits

Cholestérol et risque accru d'insuffisance coronaire

Plus votre taux sanguin de cholestérol est élevé, plus vous courez le risque de développer une maladie du cœur. Il est possible de faire chuter votre taux de cholestérol en apportant des changements à votre alimentation, en particulier en réduisant votre consommation de matières grasses d'origine animale et de produits laitiers.

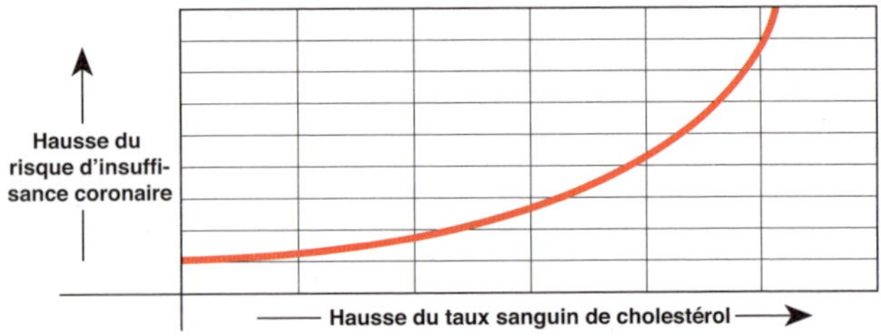

chimiques provoquent le rétrécissement temporaire des vaisseaux sanguins. Ils rendent en outre les plaquettes sanguines plus poisseuses, qui s'agglomèrent alors plus facilement et accroissent ainsi le risque de formation d'un caillot.

Les amateurs de pipes et de cigares n'encourent pas autant de risques que les amateurs de cigarettes, mais ils sont davantage susceptibles d'être atteints d'insuffisance coronaire que les non-fumeurs. La quantité fumée compte également ; le risque augmente de façon progressive selon que l'on fume peu (moins de 10 cigarettes par jour), de façon modérée (entre 10 et 20 cigarettes par jour) ou que l'on fume beaucoup (plus de 20 cigarettes par jour).

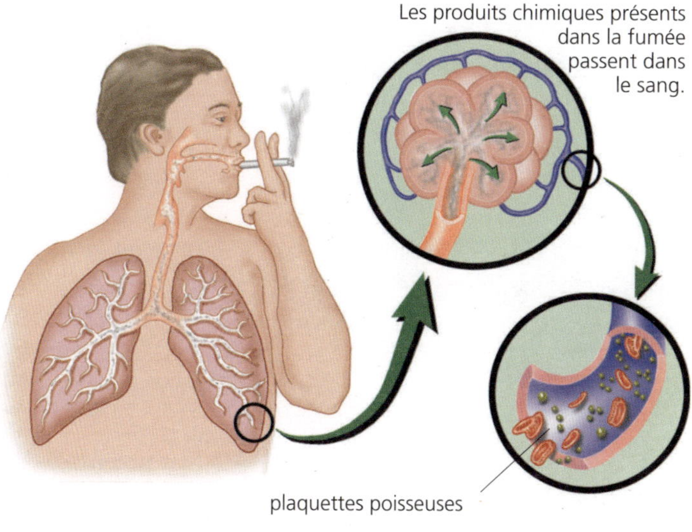

La fumée de cigarette rend les plaquettes sanguines plus poisseuses, ce qui accroît le risque de formation de caillots sanguins.

L'ÉTUDE DE FRAMINGHAM

L'une des premières études qui a établi un lien entre un taux élevé de cholestérol et l'insuffisance coronaire a été réalisée après la Seconde Guerre mondiale dans une petite ville à proximité de Boston qui s'appelle Framingham. Tous les habitants ont subi à intervalles d'une année un examen médical qui visait à déceler s'ils étaient atteints d'insuffisance coronaire. On découvrit dès le départ un lien étroit avec un taux élevé de cholestérol : plus ce dernier était élevé, plus le risque de développer l'insuffisance coronaire augmentait. L'étude de Framingham a également souligné l'importance des autres facteurs de risque tels que le tabagisme, l'hypertension et le diabète ; ces facteurs de risque ont été confirmés pendant une période de suivi qui s'est échelonnée sur près de 50 ans depuis le début de l'étude, qui se poursuit toujours.

Les médecins insistent grandement sur l'abandon du tabagisme, car il s'agit d'un facteur de risque que vous pouvez maîtriser. De plus, vous commencez à en récolter les avantages dès que vous cessez de fumer. Bien que votre risque d'être atteint d'insuffisance coronaire puisse ne jamais être aussi faible que celui d'un non-fumeur, il s'en rapproche beaucoup après une année ou deux d'abandon du tabac.

Stress

Bon nombre de gens qui ont souffert d'une crise cardiaque désignent le stress parmi les coupables, mais il a été étonnamment difficile de prouver ce lien de façon scientifique. Nous connaissons très bien quelques-uns des déclencheurs de crise cardiaque tels qu'un exercice physique imprévu ou une expérience émotive renversante, mais il s'agit d'occurrences plutôt rares. Par contre, aux heures de stress intense comme lors de la Seconde Guerre mondiale, le nombre de crises cardiaques dans la population civile a chuté.

Nous croyons également que certains types de personnalité sont plus à risque que d'autres. La technologie contemporaine nous permet désormais d'accomplir en quelques minutes ce que la génération précédente pouvait faire en quelques jours. La pression sous laquelle nous vivons de réaliser plus que nous ne pouvons, de nous fixer des objectifs irréalistes, a créé le comportement de type A. Cet individu hyperactif (d'ordinaire un homme) a du mal à se relaxer, s'acharne au travail au détriment de ses relations personnelles et est prédisposé à l'épuisement professionnel. On dit qu'il court deux fois plus le risque de l'insuffisance coronaire que les individus de type B.

Cette théorie établissant un lien entre l'insuffisance coronaire et une personnalité caractérisée par le stress a déjà eu beaucoup d'adeptes, et de nombreux efforts ont été tentés afin de convaincre des gens qui avaient travaillé d'arrache-pied toute leur vie de ralentir le rythme. La recherche récente n'a pas confirmé ces conclusions et, bien qu'une maladie grave soit l'occasion de mieux cibler ses priorités, toute tentative en vue d'apporter des changements d'importance à un comportement ancré se soldera probablement par peu d'avantages.

Facteurs de risque de l'insuffisance coronaire

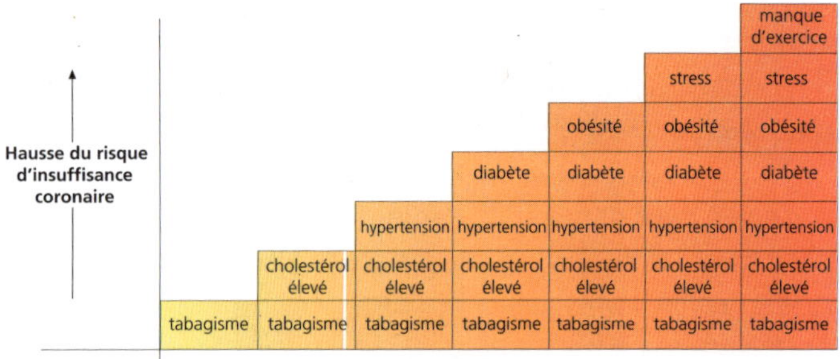

Facteurs de risque
Plus vous cumulez de facteurs, plus vous risquez d'être atteint d'insuffisance coronaire.

Autres maladies associées à l'insuffisance coronaire

Deux maladies courantes et graves sont associées à un risque d'insuffisance coronaire supérieur à la moyenne :

- l'hypertension artérielle ;
- le diabète.

Hypertension artérielle

Qu'est-ce que la tension artérielle ?

La tension artérielle désigne la tension à l'intérieur des artères qui véhiculent le sang depuis le cœur jusqu'au reste de l'organisme. L'hypertension assujettit le cœur et la circulation à des pressions, et conduit à des accidents vasculaires cérébraux (AVC). Toutefois, au Royaume-Uni, l'hypertension est responsable de plus de crises

140
―
90

Tension systolique
Tension produite à l'intérieur des artères lorsque le cœur se contracte

Tension diastolique
Tension maintenue à l'intérieur des artères entre les pulsations cardiaques

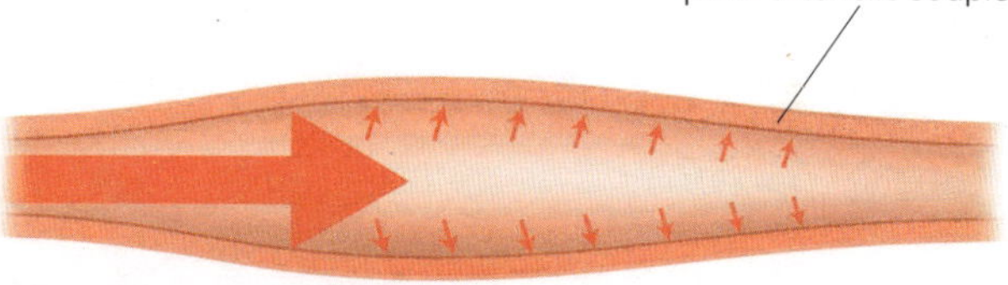

La tension artérielle est la tension à l'intérieur des artères au moment où le cœur contraint le sang à circuler dans l'organisme.

cardiaques que d'AVC, probablement en raison du taux élevé de cholestérol sanguin chez les insulaires. Le traitement de l'hypertension réduira le risque de crise cardiaque et d'AVC.

Comment mesure-t-on la tension artérielle ?

D'ordinaire, on mesure la tension artérielle au niveau du bras. À chaque pulsation cardiaque, la tension artérielle augmente à une crête (la tension systolique) pour ensuite chuter à un creux (la tension diastolique). Cette tension se mesure en millimètres de mercure (mmHg). La tension artérielle moyenne au repos d'une personne en santé est d'environ 120/70. Une tension au repos de 140/90 est à la limite tandis qu'une tension de 150/100 est élevée.

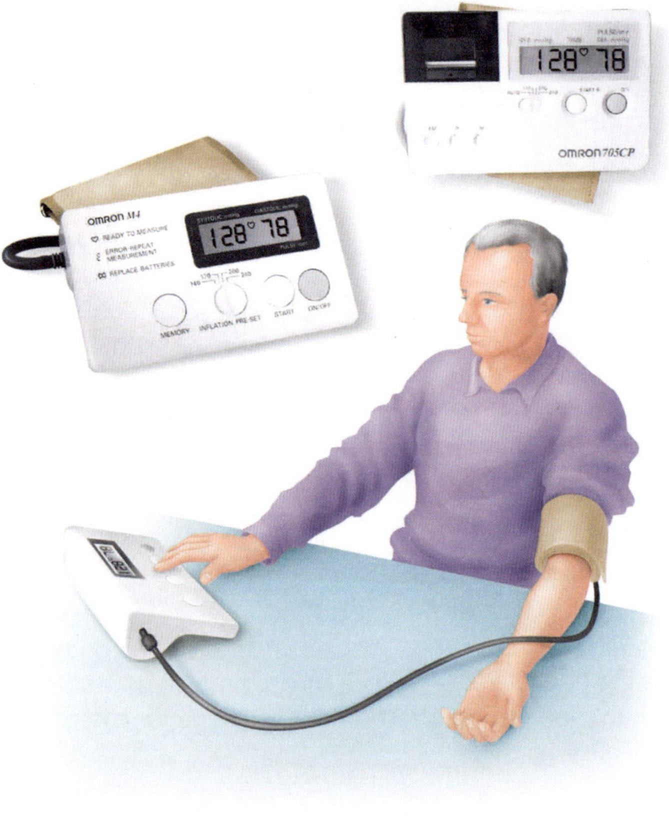

Les tensiomètres artériels sont faciles à utiliser, mais choisissez votre modèle avec soin pour vous assurer de sa précision.

Qui est atteint d'hypertension ?

On fait de l'hypertension dans toutes les régions du monde, mais les Afro-Antillais et les Afro-Américains en sont atteints plus que les autres. Cela dit, elle est très répandue au Royaume-Uni où elle atteint peut-être 25 % de la population de plus de 50 ans.

La cause de l'hypertension reste inconnue chez la plupart des gens qui en souffrent. Elle touche souvent les membres d'une même famille et les personnes atteintes d'une maladie rénale. Malheureusement, l'hypertension ne compte généralement aucun symptôme ; vous devriez donc la vérifier de temps en temps au cas où elle serait élevée sans que vous ne le sachiez.

Pourquoi se méfier de l'hypertension ?

L'hypertension à l'intérieur des artères abîme leur paroi et accélère la progression de l'athérome (le durcissement des artères reportez-vous à la page 20). En outre, le cœur doit fournir un plus grand effort afin de pomper le sang sous hypertension, et ce, en comptant avec moins d'oxygène. Cela accroît le risque de développer une angine ou de faire une crise cardiaque. L'hypertension accroît également le risque d'AVC en raison des dégâts qu'elle occasionne aux vaisseaux sanguins du cerveau. Reportez-vous à l'ouvrage de la présente collection intitulé *Comprendre la haute et la basse pression sanguine.*

Diabète

Voici un état pathologique répandu qui touche approximativement 3 personnes sur 100 au Royaume-Uni. Il trouve sa cause dans une carence ou une résistance à une hormone appelée insuline, qui est essentielle au déplacement du glucose à l'intérieur des cellules de l'organisme par l'entremise du débit sanguin. Le diabète est fortement lié à l'obésité, et c'est pourquoi l'on s'inquiète tant de l'épidémie d'obésité chez les enfants qui sévit en ce moment.

Le diabète touche les gens de tous les âges, notamment les enfants, et plus on est jeune lorsqu'il s'installe, plus on est susceptible de recourir à des injections d'insuline afin de le maîtriser. Le diabète atteint toutefois nombre de gens au mitan de leur vie ou à leur vieil âge. Quelques symptômes permettent de le déceler et il est possible de le maîtriser grâce à un régime alimentaire et des comprimés. L'objectif du traitement consiste à maintenir le taux sanguin de glucose aussi près que possible de la normale. Néanmoins, malgré un traitement, le diabète peut accroître le risque de plusieurs troubles circulatoires, dont l'insuffisance coronaire. Cela importe particulièrement chez les femmes, car cette maladie semble obvier à l'effet protecteur des hormones féminines, et le nombre de femmes atteintes de diabète qui développent une insuffisance coronaire égale pratiquement celui des hommes.

Si l'on parvient à maîtriser le diabète en misant sur l'alimentation, les comprimés ou l'insuline, les troubles circulatoires et cardiaques sont moins fréquents. Une piètre maîtrise de cet état pathologique peut se solder par un taux sanguin anormal de lipides, notamment de cholestérol, et les diabétiques doivent parfois consommer d'autres médicaments afin de maîtriser leur état. Reportez-vous à l'ouvrage de la présente collection intitulé *Comprendre le diabète*.

POINTS CLÉS

- L'insuffisance coronaire est beaucoup plus répandue chez les hommes que chez les femmes, et chez les personnes âgées que chez les jeunes.
- Au nombre des facteurs de risque importants de l'insuffisance coronaire, on compte le tabagisme, un taux élevé de cholestérol, l'hypertension et le diabète.
- L'abandon du tabagisme, la réduction du taux sanguin de cholestérol et de la tension artérielle atténuent le risque de développer une insuffisance coronaire.

Apprendre à reconnaître les symptômes

Bien que tous les gens atteints d'insuffisance coronaire partagent un même problème sous-jacent, à savoir le rétrécissement des artères coronaires, ils ne montrent pas tous les mêmes symptômes. Quelques-uns souffrent d'angine alors que d'autres peuvent subir une crise cardiaque. Une plus petite proportion peut développer l'insuffisance cardiaque sans montrer d'autres symptômes. Nous ignorons pourquoi elle touche les gens d'autant de façons.

Douleur thoracique

Toutes les douleurs thoraciques ne sont pas provoquées par l'insuffisance coronaire. Nul ne songerait qu'il est atteint d'une maladie du cœur après une chute qui lui a secoué les côtes et la plupart d'entre nous ont fait une indigestion au cours de laquelle une douleur irradiait à l'intérieur de la poitrine.

On pourrait croire qu'il est facile de distinguer une douleur thoracique occasionnée par une maladie du cœur d'une autre dont l'origine est différente, mais cela

COMMENT RECONNAÎTRE L'ANGINE

Ses principales caractéristiques sont :

- Une douleur sourde qui ne s'exacerbe pas lorsqu'on inspire.
- D'ordinaire, elle irradie depuis le milieu de la poitrine, mais elle peut s'étendre au côté gauche, aux deux bras, au cou et à la mâchoire.
- Il peut s'agir d'une douleur lourde, lancinante, pénétrante, qui donne l'impression d'un poids sur la poitrine.

peut en fait s'avérer difficile, même pour un médecin chevronné.

Angine

L'angine se traduit par une douleur qui irradie depuis la poitrine. Elle est souvent déclenchée par un effort physique et elle est calmée par le repos. La douleur monte depuis les fibres musculaires du cœur, qui ne disposent pas de suffisamment d'oxygène pour accomplir leur fonction.

Une crise d'angine a, d'ordinaire, une durée de 2 ou 3 minutes et ne dépasse généralement pas 10 minutes. Elle peut se produire lorsque vous gravissez une côte, sous un vent violent ou lorsque vous grimpez un escalier. Elle peut parfois se manifester après un léger effort physique, par exemple en vous habillant après un moment de repos, ou en faisant de l'exercice après un repas, par exemple lorsque vous sortez le chien après le petit déjeuner. Le temps froid peut l'aggraver.

PREMIÈRE DESCRIPTION DE L'ANGINE

Nous devons la première description détaillée d'une crise d'angine au médecin anglais William Heberden, qui l'a rédigée en 1761. Elle était déjà très complète.

« Il existe un trouble de la poitrine caractérisé par des symptômes exceptionnels et considérables au regard du degré de danger qui lui est rattaché, et qui n'est pas extrêmement rare, à propos duquel je ne crois pas avoir lu de description dans les ouvrages de médecine. En raison de son siège et de la sensation d'étranglement et d'angoisse qu'il fait naître, nous n'aurions pas tort de le désigner sous l'appellation latine de *angina pectoris*. Ceux qui en sont affligés sont brusquement saisis alors qu'ils se promènent, en particulier lorsqu'ils font une promenade peu après un repas, d'une sensation vive et des plus désagréables à l'intérieur de la poitrine. »

Angine instable

En général, l'angine est plutôt prévisible mais, si l'artère coronaire se rétrécit davantage ou si un caillot se forme à sa surface, la maladie peut entrer dans une nouvelle phase. On parle alors d'angine instable, qui peut mener à une crise cardiaque. Parcourir une courte distance, faire des travaux légers à la maison, voire monter l'escalier pour se rendre à sa chambre peuvent faire naître la douleur. Une crise d'angine peut tirer quelqu'un du sommeil. Une modification de la structure de la douleur doit être signalée au médecin le plus vite possible, car cela marque une évolution importante de la maladie.

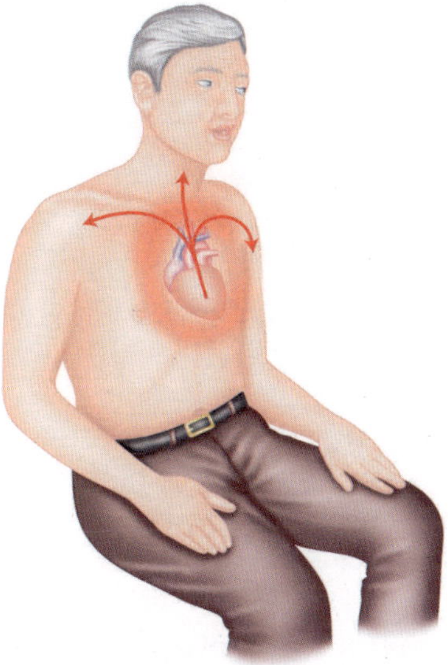

En général, on éprouve une douleur cardiaque sous le sternum au centre de la poitrine, mais elle peut se propager à l'un ou l'autre des bras (voire au bout des doigts), à la mâchoire et au dos.

Crise cardiaque

La douleur est identique à celle de l'angine mais, plutôt que s'estomper alors que l'on prend du repos, elle devient plus aiguë. On dit souvent qu'il s'agit de la pire douleur que l'on puisse éprouver au cours d'une vie. Une personne qui fait une crise cardiaque peut avoir le teint grisâtre, être trempée de sueur ou être froide au toucher. Elle peut en outre avoir la nausée et vomir.

Certains font des crises cardiaques sans jamais avoir montré de symptômes auparavant. La crise les surprend sans s'être annoncée. Par contre, la plupart ont déjà éprouvé des douleurs de façon intermittente au cours des semaines ou des mois précédents, alors que les vaisseaux sanguins se rétrécissaient peu à peu, sans parfois se rendre compte que la douleur provenait de la région du cœur.

Dans près de 20 % des cas, les symptômes d'une crise cardiaque peuvent être légers et confondus avec ceux d'une indigestion. C'est le cas notamment chez les personnes âgées et les diabétiques, peut-être parce que les fibres cardiaques qui sont douloureuses ne sont plus aussi sensibles que celles des jeunes gens.

Autres causes de douleur thoracique

Chacun éprouve des douleurs à la poitrine de temps en temps, ainsi qu'en d'autres zones du corps. Voici les causes les plus probables de telles douleurs.

Indigestion ou aigreurs d'estomac

L'œsophage, qui conduit de la bouche à l'estomac, se trouve derrière le cœur et tous deux partagent la même réserve nerveuse. Il n'est donc pas étonnant que la douleur issue de l'œsophage (les aigreurs d'estomac) soit semblable à une douleur provenant du cœur. Les aigreurs peuvent se faire sentir à tout moment, mais elles sont généralement associées à la digestion ; on les éprouve 30 minutes environ après un repas ou encore lorsque l'estomac est vide.

Les aigreurs se font en outre sentir le soir venu, lorsqu'on est allongé dans son lit, car l'acide que renferme l'estomac se déverse dans l'œsophage et l'irrite. Afin d'apaiser ces aigreurs, il faut manger davantage, boire du lait ou prendre des antiacides ; l'alcool et les boissons chaudes les aggraveront.

Toutefois, l'exercice physique n'entraîne pas l'indigestion ; si vous éprouvez une douleur thoracique alors que vous marchez – même si vous éructez – elle provient

Les étapes de l'insuffisance coronaire

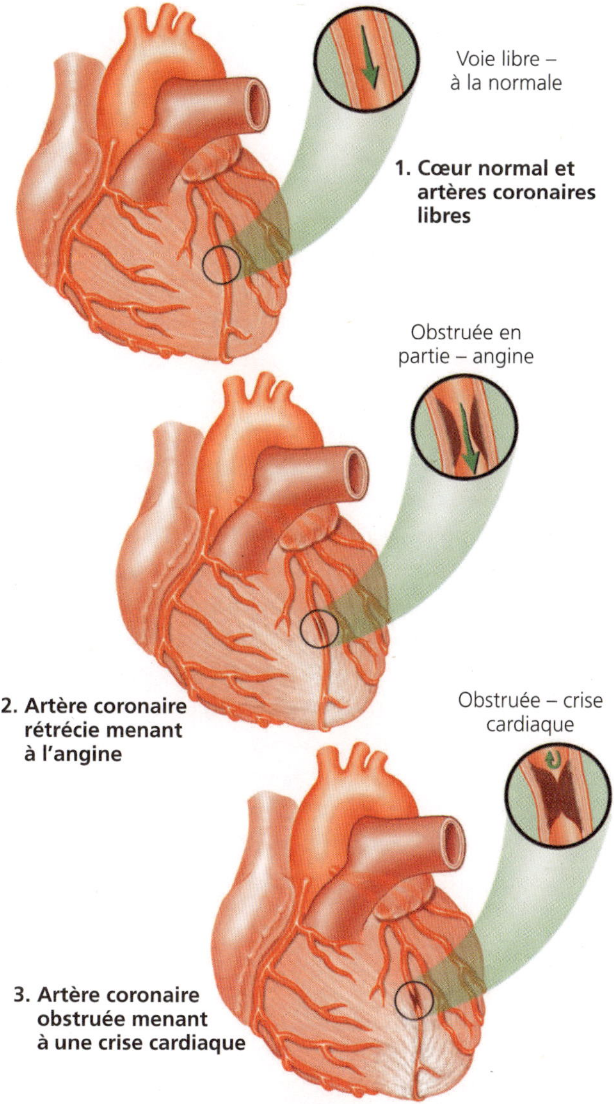

probablement de votre cœur, non pas de votre estomac. Consultez un médecin sans tarder !

Pleurésie

Les infections à la poitrine telles qu'une pneumonie peuvent donner lieu à de violentes douleurs thoraciques ou pleurésie. La douleur est d'ordinaire aiguë, se diffuse d'un seul côté de la poitrine, et augmente si l'on tousse ou que l'on prend une profonde inspiration. Elle est très différente de la douleur sourde et constante qui part du cœur et s'étend à l'ensemble de la poitrine.

Douleur musculaire

Le long du dos et entre les côtes se trouvent des muscles qui jouent un rôle important dans la respiration et qui, comme tous les muscles, peuvent faire l'objet de douleurs rhumatismales. Cette douleur est d'ordinaire confinée à de petites zones de la poitrine ou du dos. Elle s'exacerbe lorsqu'on s'assoit ou que l'on adopte certaines positions, ou que l'on se tourne. Elle peut se faire sentir quelques heures ou quelques jours et disparaître avant de réapparaître quelques semaines plus tard.

Causes moins répandues de la douleur thoracique

Il existe d'autres causes de la douleur thoracique, bien qu'elles soient moins répandues.

Zona

Cette infection virale peut provoquer une vive douleur autour de la poitrine pendant deux ou trois jours avant que de grosses vésicules (ou bulles) apparaissent à la surface de la peau.

Douleur thoracique sans lien avec le cœur

Une douleur thoracique peut soulever de vives inquiétudes et conduire certains à croire qu'ils subissent une crise cardiaque. Il existe toutefois de nombreuses autres causes, moins graves, de ce genre de douleur.

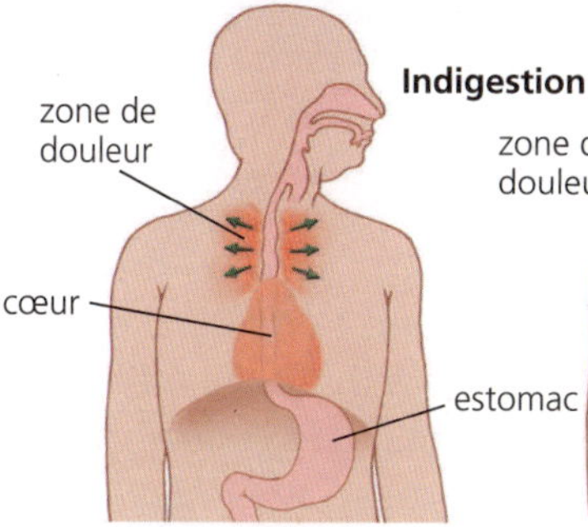

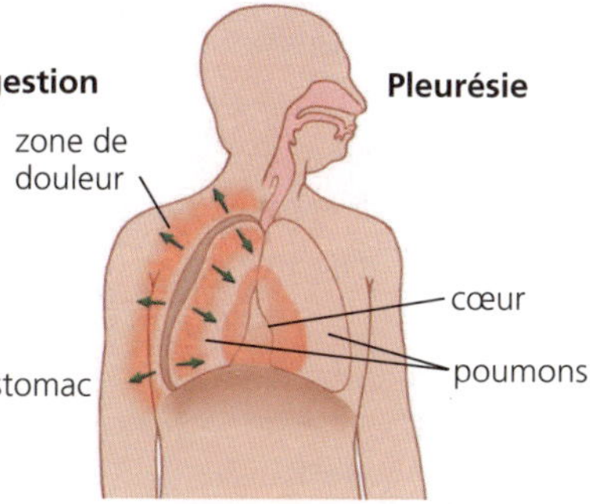

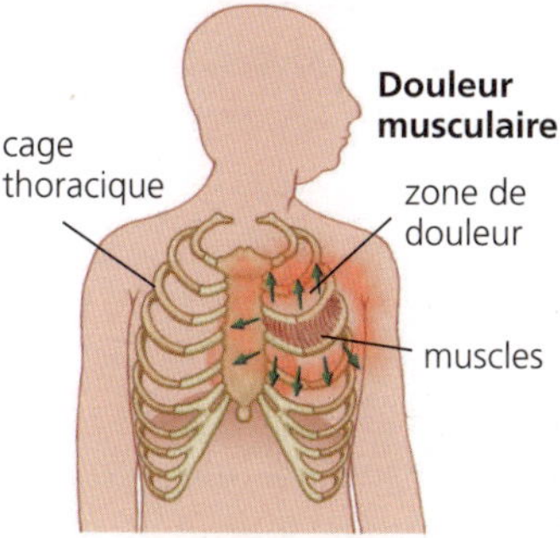

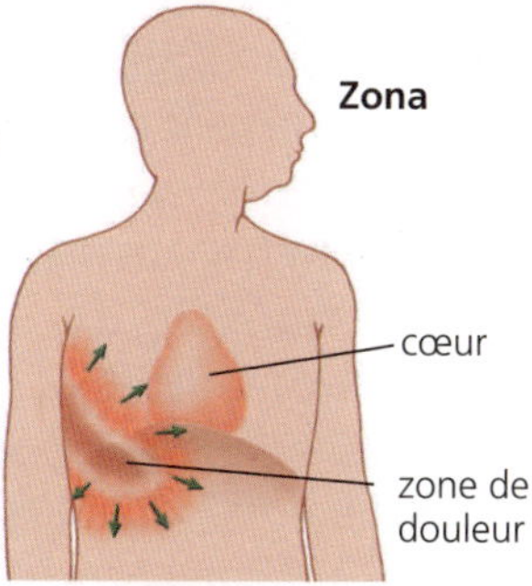

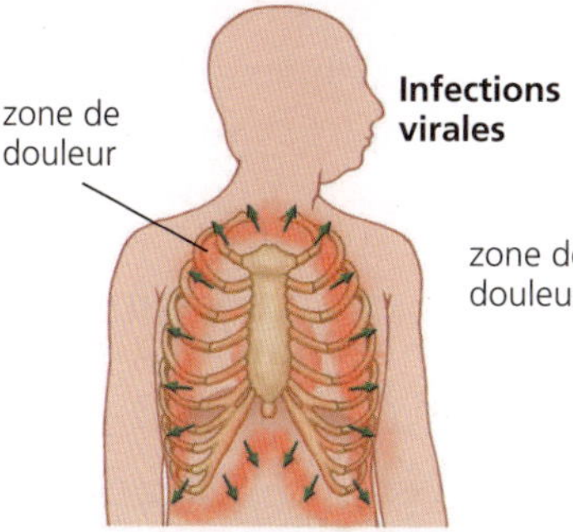

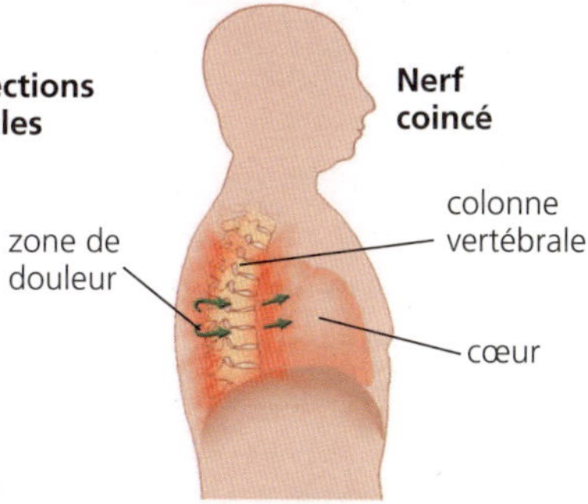

Infections virales

Quelques virus comme celui du rhume ou de la grippe peuvent avoir une incidence sur le cartilage qui retient les côtes au sternum. Lorsque cela se produit, la poitrine est plus sensible lorsqu'on y exerce une pression et la douleur est bien différente de celle issue de l'angine.

Nerf coincé

La pression exercée sur un nerf du dos ou du cou occasionne parfois une douleur qui se répand au bras ou autour de la poitrine. Cela peut être attribuable à une dégradation d'une vertèbre ou à l'arthrite qui atteint la colonne vertébrale. L'effondrement d'une vertèbre de la colonne vertébrale est une autre cause assez répandue, en particulier chez les femmes plus âgées. Il s'agit alors d'un état pathologique, appelé ostéoporose, qui voit les os devenir minces et fragiles.

Autres symptômes d'une maladie du cœur

Palpitations

Les palpitations sont des battements du cœur qui deviennent inégaux ; elles sont très fréquentes chez les gens en santé. Elles sont en général le fruit du stress, du tabagisme ou de la consommation excessive du café ou du thé. Quelques-uns éprouvent même un court-circuit électrique au niveau du cœur qui donne lieu à une accélération des battements cardiaques, mais cela reste peu fréquent.

Les personnes atteintes d'insuffisance coronaire peuvent avoir des troubles liés à leur rythme cardiaque, mais la chose est plus probable au cours des premiers jours qui suivent une crise cardiaque, auquel cas le médecin traitant prescrit des médicaments pour maîtriser la situation.

Si les palpitations sont doublées d'évanouissements, d'essoufflement ou d'une douleur thoracique, vous devriez prévenir votre médecin sans tarder.

Essoufflement et enflure aux chevilles

L'essoufflement (ou dyspnée) a plusieurs causes dont les plus courantes sont la bronchite chronique, l'emphysème et l'asthme. L'insuffisance cardiaque peut également entraîner l'essoufflement et peut toucher quelqu'un qui a subi une crise cardiaque (reportez-vous à la page 51). Si le cœur ne pompe pas le sang comme il se doit, un liquide aqueux risque de s'accumuler dans les tissus et les poumons, ce qui provoque l'essoufflement.

On peut éprouver de la difficulté à s'allonger sur son lit ou se réveiller en pleine nuit à bout de souffle. On peut en outre tousser et cracher des mucosités spumeuses ou teintées de sang.

Lorsqu'un liquide aqueux s'accumule ailleurs dans l'organisme, les chevilles peuvent enfler ou l'estomac peut devenir douloureux en raison d'une enflure du foie et de l'intestin. Lorsqu'il est établi que vous êtes atteint d'une maladie du cœur, vous devriez vous méfier de ces essoufflements ou d'une vilaine toux qui ne guérit pas. Nous disposons à présent de médicaments efficaces afin de traiter l'insuffisance cardiaque, mais il vaut mieux s'en remettre sans tarder aux soins d'un médecin.

POINTS CLÉS

- Lorsque le muscle cardiaque est privé d'oxygène, cela se traduit par une douleur thoracique (angine).
- Une douleur thoracique aiguë est l'indice d'une crise cardiaque jusqu'à preuve du contraire.
- La douleur issue de l'angine se manifeste d'ordinaire lorsqu'on fait de l'exercice ou que l'on subit un stress.
- En général, l'exercice physique n'entraîne pas une indigestion ; devant le doute, consultez votre médecin.

Les tests de dépistage de l'insuffisance coronaire

Identification des causes des douleurs thoraciques

Plusieurs causes peuvent être à l'origine d'une douleur thoracique et l'indice le plus important tient à la nature même de la douleur et au moment où elle se fait sentir (reportez-vous aux pages 48 à 57). Les médecins sont d'habitude en mesure de distinguer les différents types de douleur à la poitrine. Il peut être évident, d'après ce que vous en dites au médecin, que la douleur vient du cœur ou d'ailleurs.

La douleur issue d'une crise cardiaque ou d'une crise d'angine est souvent non équivoque. Il appert parfois que le diagnostic est moins évident et le médecin doit alors arrêter une décision en se fondant sur la possibilité que vous soyez atteint d'insuffisance coronaire. Chez une jeune femme, une douleur thoracique est davantage susceptible de révéler une indigestion qu'une crise d'angine, tandis que chez un fumeur d'âge mûr qui fait de l'hypertension, il y a davantage un risque d'angine que d'indigestion.

Bien sûr, l'expérience compte pour quelque chose, mais aucun médecin n'est infaillible et plusieurs ont été incapables de diagnostiquer leur propre crise cardiaque ! Toutefois, étant donné que l'insuffisance coronaire est répandue au Royaume-Uni, la plupart des médecins vous proposeront davantage de tests si un doute entoure leur diagnostic.

Tracé du cœur

Électrocardiogramme au repos

L'électrocardiogramme est le test le plus courant pour évaluer l'état du cœur. Il s'agit d'un test simple et indo-

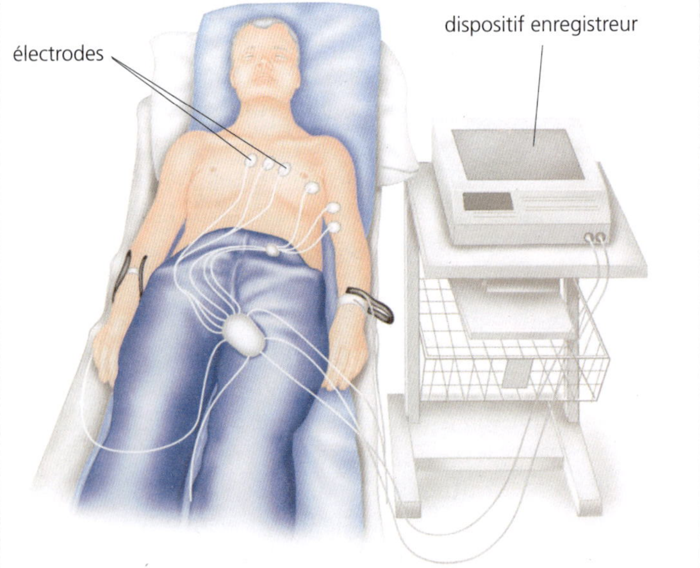

Électrocardiogramme au repos

lore d'une durée d'environ 10 minutes et que peut administrer un omnipraticien ou une infirmière diplômée.

À chaque battement de cœur se produisent des modifications électriques naturelles que peuvent capter les électrodes disposées en différents endroits du corps. Ces électrodes, enduites d'un gel adhésif qui assure un bon contact, sont en général posées au niveau des chevilles, des poignets et de la poitrine.

Le tracé enregistre la fréquence et le rythme cardiaques, et nous dit si le muscle véhicule l'électricité comme il se doit. Un muscle abîmé ou privé d'oxygène laissera un tracé différent.

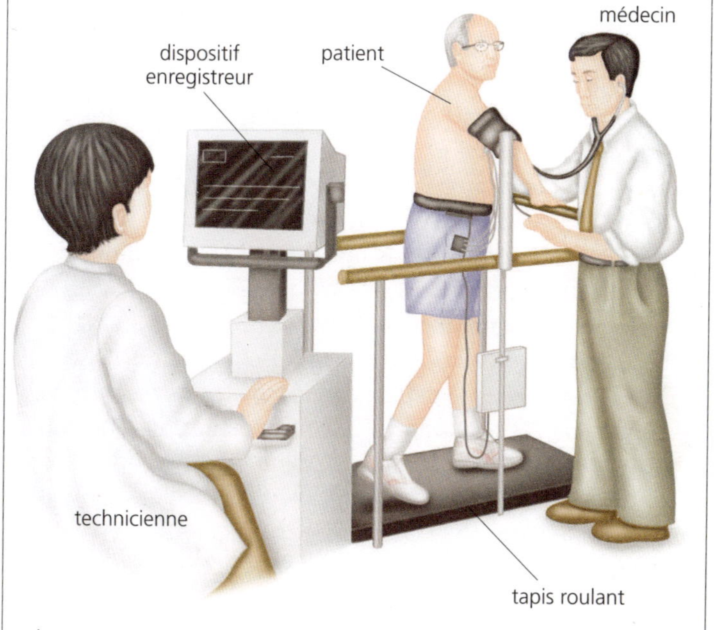

Électrocardiogramme d'effort : alors que le patient marche, des électrodes évaluent son rythme cardiaque et l'activité électrique de son cœur.

Le tracé de l'électrocardiogramme apporte au médecin traitant une mine de renseignements sur le cœur mais, à l'instar de la plupart des tests, celui-ci n'est pas sans faille. Si vous êtes atteint d'angine, votre tracé pourrait être normal s'il est enregistré au repos alors que vous ne souffrez pas. Dans ce cas, vous pourriez devoir subir un électrocardiogramme d'effort.

Électrocardiogramme d'effort

Toute forme d'exercice peut servir à provoquer l'angine. Au Royaume-Uni, l'épreuve se déroule habituellement sur un tapis roulant, mais sur le continent européen on se sert souvent d'un vélo stationnaire. Les électrodes sont posées ainsi qu'on le fait lors d'un électrocardiogramme au repos, mais les fils sont soigneusement fixés à la poitrine afin qu'ils ne se relâchent pas pendant que marche le patient. On démarre le tapis roulant à plat à un rythme lent et l'on augmente la vitesse toutes les deux ou trois minutes tout en inclinant davantage la surface afin de simuler l'ascension d'une côte. On arrête le test si le patient éprouve une douleur, si l'appareil signale des modifications majeures ou si le patient est hors d'haleine ou fatigué.

Un électrocardiogramme livre deux renseignements utiles au médecin. Si le test déclenche une douleur et que l'appareil enregistre des modifications du rythme cardiaque, cela confirme un diagnostic d'angine. En outre, et cela importe autant que ce qui précède, si le patient parvient à parcourir une distance honorable avant que surgisse la douleur, le médecin sait alors que l'angine est légère et d'autres tests se seront peut-être pas nécessaires.

Le test se déroule à l'hôpital (sans hospitalisation) et demande quelque 40 minutes.

Scintigraphie

Ce test s'appuie sur des corps chimiques ou isotopes qui produisent de très faibles quantités de radioactivité que peut déceler un appareil radiographique particulier. Les différents tissus de l'organisme captent autant d'isotopes. Divers isotopes sont injectés pour le cœur, mais le thallium et le technétium sont les plus courants. Ces deux corps sont absorbés par le muscle cardiaque lorsque le débit sanguin est normal, mais ils ne le sont pas si le débit sanguin est ralenti. Aussi, là où une artère coronaire est rétrécie ou obstruée, on n'apercevra pas cette zone du muscle cardiaque.

Les isotopes sont radioactifs, mais le degré de radioactivité de ces tests est infime et équivaut à la plupart des radiographies standard. L'isotope se dégrade rapidement à l'intérieur de l'organisme et une part est évacuée dans l'urine, mais il ne présente aucun danger pour le patient ou pour quiconque.

La scintigraphie comporte deux volets, le premier alors que le cœur subit un stress et le second alors qu'il est au repos ; on compare ensuite les deux radiographies. La radiographie du cœur en état de stress est prise d'ordinaire après une promenade sur un tapis roulant. Chez ceux qui ne peuvent faire de l'exercice, on peut stimuler le cœur à l'aide de médicaments tels que l'adénosine, la dipyridamole et la dobutamine. Après l'effort physique ou l'injection du médicament, le patient reçoit une injection d'isotopes avant d'être soumis à la radiographie pendant 10 à 15 minutes.

Parfois, la scintigraphie capte mieux les anomalies que l'électrocardiogramme d'effort et elle est utile après un pontage lorsque l'approvisionnement artériel du cœur peut se compliquer. Il s'agit en outre du seul moyen d'étudier le cœur de ceux qui ne peuvent

Scintigraphie

1. On injecte des isotopes radioactifs dans le système sanguin.

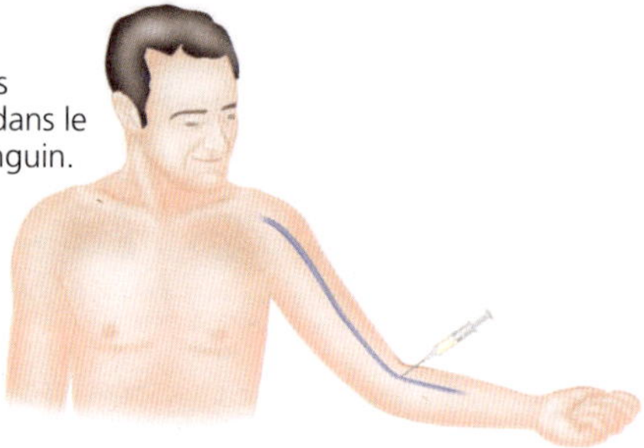

2. Le muscle cardiaque absorbe l'isotope radioactif lorsque le débit sanguin est normal.

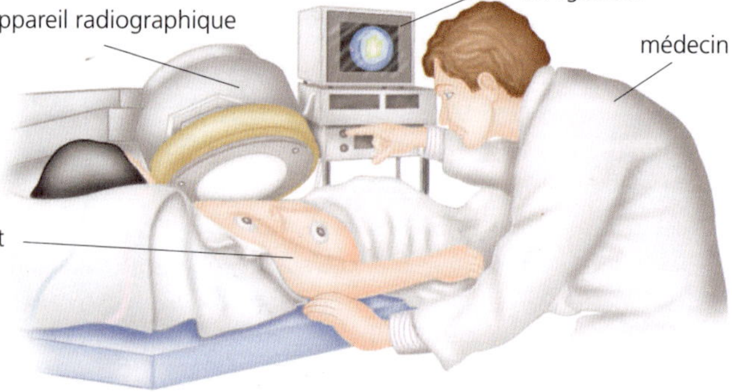

3. Le patient subit une radiographie qui décèle les émissions radioactives de l'isotope.

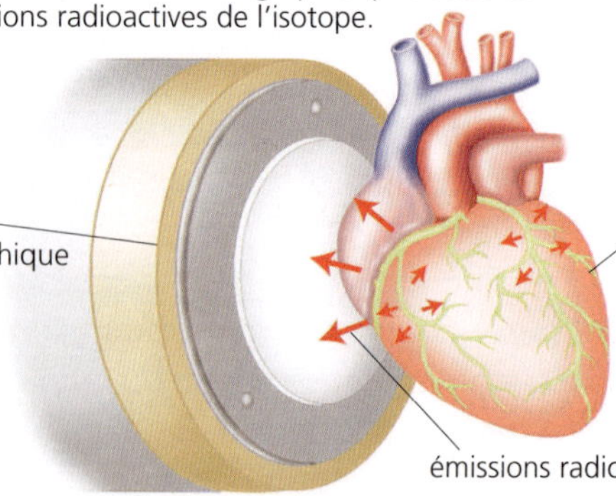

supporter le tapis roulant ou le vélo stationnaire, en raison, par exemple, de l'arthrite ou d'une maladie pulmonaire.

Échocardiographie d'effort

Il s'agit d'une technique semblable en théorie à la scintigraphie, sauf qu'elle ne fait pas appel à la radioactivité. L'échocardiographe est le tomodensitomètre qui permet d'explorer le cœur par les ultrasons ; il est identique à celui dont on se sert pour photographier un fœtus dans l'utérus de sa mère.

Ce type de tomodensitomètre permet de voir se contracter le muscle cardiaque et de déceler le moindre élément qui se contracterait piètrement en raison d'un faible débit sanguin. De même que pour la scintigraphie, on peut stimuler le cœur par un exercice physique ou par l'injection de médicaments ; le cœur est exploré avant, pendant et après le stress qui lui est infligé. Les photos sont ensuite analysées en détail ; c'est ainsi que l'on peut découvrir, le cas échéant, quelles sont les artères obstruées et à quel degré elles le sont.

Coronarographie

La coronarographie est une radiographie des artères coronaires (ou angiogramme). Il s'agit de la méthode la plus directe pour déceler ce qui ne va pas au niveau du cœur. Les radiographies sont prises après l'injection dans les artères coronaires d'un produit de contraste opaque aux rayons X. Étant donné que le cœur fonctionne sans arrêt, les radiographies sont enregistrées sur bande vidéo ; cela nécessite donc du matériel onéreux que l'on retrouvait, il y a peu de temps encore, seulement dans les grands centres hospitaliers. Grâce à la technologie actuelle, plus de gens profitent de ce matériel, car la

Échocardiographie

Un instrument appelé transducteur, qui produit un faisceau de sons, est placé contre la poitrine. La réflexion des faisceaux sonores produit une photographie du cœur.

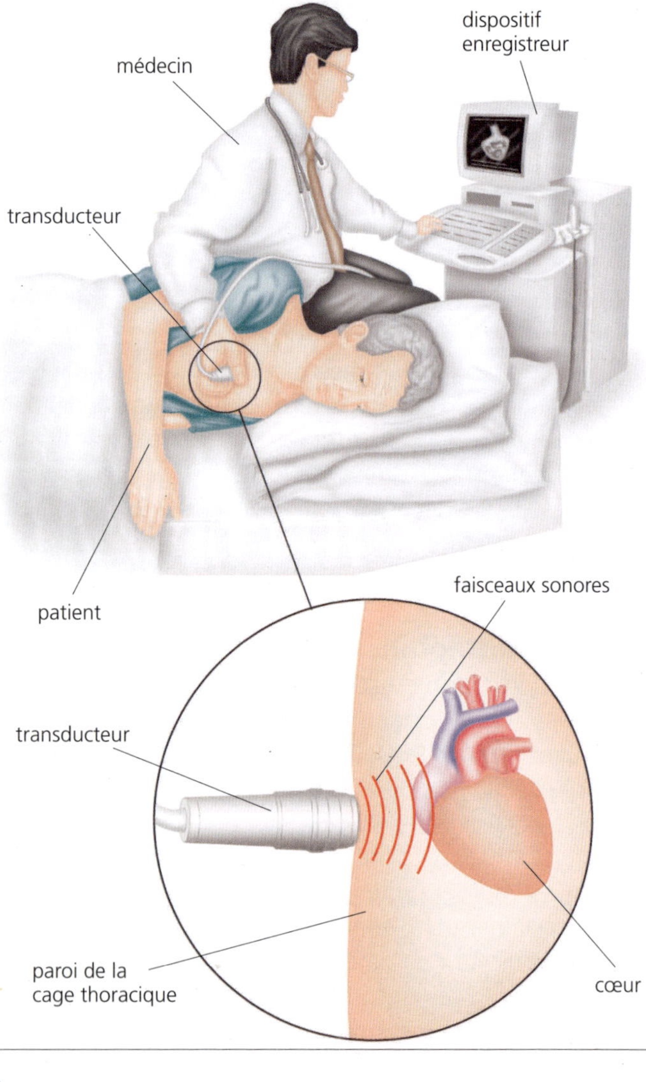

plupart des hôpitaux régionaux pratiquent désormais l'angiographie.

Afin de photographier ces petites artères, il faut y injecter directement le produit de contraste. Pour ce faire, on doit introduire un cathéter (un tube de quelques millimètres de diamètre) et le faire cheminer jusqu'au cœur, d'ordinaire à partir d'une artère de l'aine ou parfois du poignet. On injecte sous la peau un produit anesthésiant afin de l'engourdir. Le cathéter est ensuite introduit dans l'artère et dirigé vers le cœur. On n'éprouve rien pendant l'opération, sauf peut-être quelques palpitations au moment où le cathéter atteint le cœur. Cela est normal.

Aussitôt que le cathéter se trouve à l'intérieur de l'artère coronaire, on injecte le produit de contraste et l'on prend des radiographies sous différents angles. On nous demande alors de cesser de respirer pendant 5 à 10 secondes. Le produit de contraste peut provoquer quelque rougissement du visage et du cou, qui s'estompe rapidement.

La coronarographie est une opération courante et presque sans danger. Les complications graves qui en découlent sont rares, à proportion de moins de 1 sur 1 000. Le risque le plus grave, qui est également inhabituel, est que la coronarographie puisse provoquer une crise cardiaque ou un accident vasculaire cérébral. En l'occurrence, une opération d'urgence peut être nécessaire. Parmi les complications moins graves, soulignons une allergie au produit de contraste ou une lésion artérielle au point de perforation.

La coronarographie est une intervention en clinique externe d'une durée de 30 à 60 minutes. Il n'est d'ordinaire pas nécessaire de passer la nuit à l'hôpital, mais il faut rester allongé pendant deux ou trois heures par la

Coronarographie

On introduit un cathéter à l'intérieur d'une artère de l'aine et on le fait cheminer jusqu'au cœur. On injecte ensuite un produit de contraste dans les artères coronaires. Le produit de contraste est révélé au cours d'une radiographie par une caméra qui reproduit les images en mouvement.

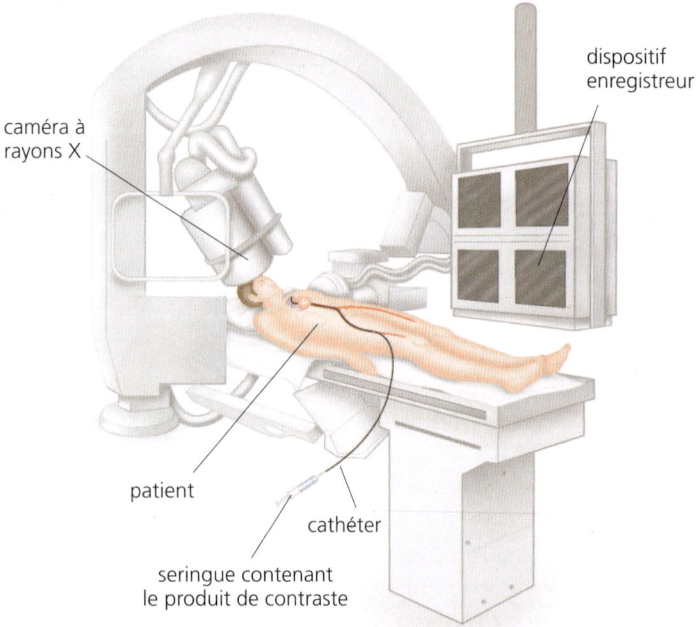

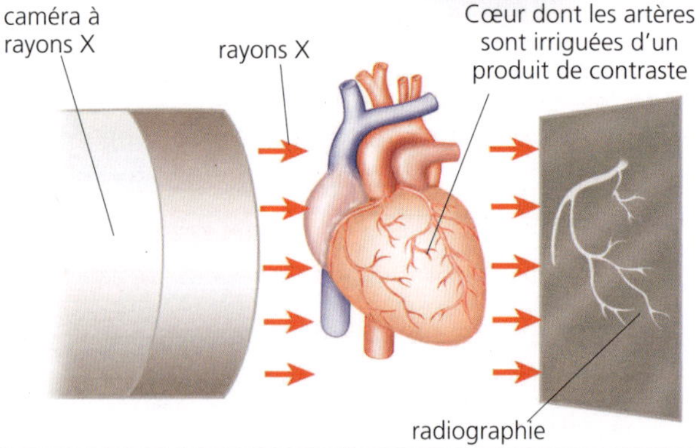

suite afin d'atténuer le risque de saignement à l'aine ou au poignet. L'endroit où le cathéter a été introduit est souvent contusionné et sensible au cours des jours suivants.

Bien que la coronarographie soit le meilleur moyen d'examiner les artères coronaires, elle n'est pas indiquée pour tous ceux qui sont atteints d'angine ou d'insuffisance coronaire. La plupart des médecins y ont recours auprès des patients dont ils croient qu'ils ont besoin d'une intervention chirurgicale au cœur ou d'une angioplastie (reportez-vous aux pages 79 à 81).

POINTS CLÉS

- Le test de dépistage le plus répandu pour déceler une maladie du cœur est l'électrocardiogramme, mais il n'est pas infaillible.
- Si l'électrocardiogramme au repos est normal, un électrocardiogramme d'effort sur tapis roulant est un bon moyen de déceler l'angine et son degré de gravité.
- La scintigraphie et l'échocardiographie sont employées lorsqu'un patient ne peut faire de l'exercice physique.
- La coronarographie est le meilleur moyen de déceler les artères qui sont touchées, mais tous ceux qui sont atteints d'insuffisance coronaire n'ont pas à subir ce test.

Le traitement de l'angine de poitrine

L'angine est une douleur thoracique qui naît de ce que le muscle cardiaque est privé d'oxygène. On l'éprouve en général après une séance d'exercice physique et elle disparaît après quelques minutes de repos. On parle d'angine instable lorsqu'elle s'aggrave au point que l'on éprouve la douleur même lorsqu'on se repose. Il peut s'agir d'un signe précurseur d'une crise cardiaque.

Le médecin qui traite un patient atteint d'angine cherche à soulager la douleur même et à augmenter la quantité d'exercice physique qu'il est possible de faire avant que cette douleur ne se réveille. Le traitement peut s'appuyer sur des médicaments (on parle alors de traitement médical), sur l'angioplastie ou la chirurgie.

Traitements médicaux

D'ordinaire, le médecin prescrit un traitement médical en premier lieu. Les médicaments ont pour effet de réduire la quantité d'oxygène nécessaire au muscle cardiaque ou d'accroître l'irrigation sanguine du cœur, voire les deux.

Trois sortes de médicaments servent à traiter les patients atteints d'angine :

- un médicament contre la douleur même tel que le trinitrate de glycéryle ;
- un médicament hypocholestérolémiant tel que les statines afin de réduire le taux sanguin de cholestérol ;
- un médicament afin de prévenir la formation de caillots, d'ordinaire de l'aspirine.

Quel que soit le traitement que vous prescrit votre médecin, il importe que vous fassiez tous deux équipe. Vous devez prendre le médicament selon l'ordonnance ; la plupart du temps, il faut le prendre une ou deux fois par jour. Si vous éprouvez des effets secondaires, il faut les signaler sans tarder.

Vous devriez en outre modifier quelques-unes de vos habitudes. Cela peut signifier renoncer à la cigarette, perdre du poids ou faire davantage d'exercice. Vous aurez plus de renseignements à ce sujet au chapitre qui commence à la page 109.

Nitrates

Les nitrates sont les médicaments les plus souvent prescrits afin de soulager l'angine et l'on fait appel à eux sous différentes formes depuis plus d'un siècle. Le trinitrate de glycéryle est vite absorbé par la paroi buccale ; on le prend sous forme de comprimé qu'on laisse fondre sous la langue ou en aérosol. Il dilate (ou élargit) les artères coronaires, ce qui alimente le débit sanguin en direction du cœur dans les zones où les artères coronaires sont plus étroites.

Les nitrates dilatent en outre les artères et les veines dans l'ensemble de l'organisme, ce qui peut entraîner des effets secondaires, notamment des étourdissements et des maux de tête. Si vous êtes étourdi après avoir consommé des nitrates, asseyez-vous ou allongez-vous pendant quelques minutes et l'effet se dissipera. Le mal de tête est occasionné par la dilatation des vaisseaux sanguins du cerveau. En général, il se produit une minute ou deux après la prise du médicament et disparaît vite si l'on crache le comprimé.

Souvent, la douleur de l'angine commence à disparaître alors que le mal de tête se fait sentir. L'effet des nitrates est si prévisible chez les patients atteints d'insuffisance coronaire que les médecins y ont souvent recours afin de savoir si une douleur thoracique est vraiment occasionnée par l'angine. Il s'agit d'un moyen assez fiable, mais la douleur à l'œsophage est parfois soulagée par le trinitrate de glycéryle, ce qui peut entraîner une confusion.

Quiconque est atteint d'angine doit toujours avoir sous la main ses comprimés de trinitrate de glycéryle ou son aérosol dans l'éventualité où des douleurs thoraciques se feraient sentir. Toutefois, si vous avez ouvert un flacon de comprimés et que vous n'en avez pas consommé depuis quelque temps, jetez un coup d'œil à la date de péremption, car les comprimés de trinitrate de glycéryle n'ont plus d'effet six semaines après l'ouverture du flacon.

Nous l'avons vu, le trinitrate de glycéryle fait vite son effet ; donc, si la douleur ne s'est pas résorbée au cours des cinq minutes qui suivent la prise du médicament, il pourrait s'agir d'une chose plus grave. Votre médecin vous conseillera probablement d'attendre cinq minutes et, en l'absence de toute amélioration, de prendre une autre dose.

L'effet des nitrates sur le cœur

Lorsqu'un patient est atteint d'angine et que les vaisseaux sanguins qui irriguent le cœur sont étranglés, le médecin peut lui prescrire des nitrates afin de dilater les vaisseaux sanguins et d'accroître le débit sanguin en direction du cœur. L'effort exigé du muscle cardiaque est réduit à mesure qu'il dispose de plus d'oxygène.

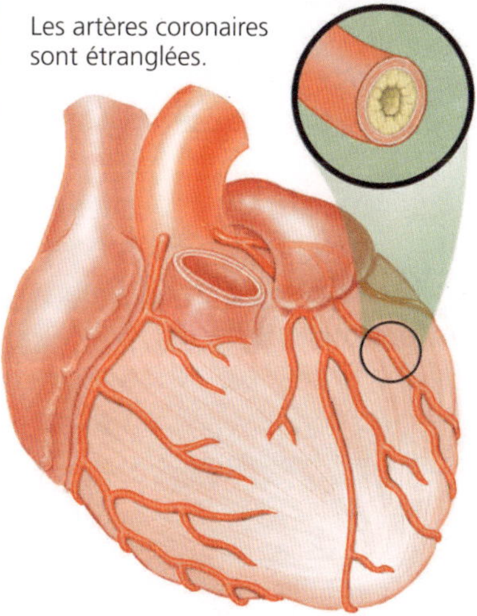

Au cours d'une crise d'angine

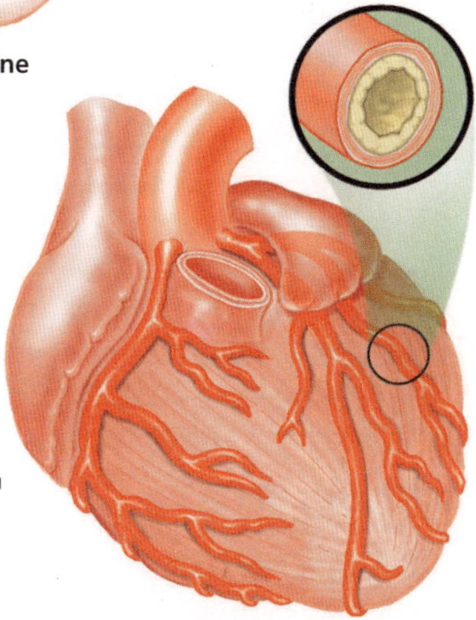

Après la consommation de nitrates

SI LA DOULEUR THORACIQUE N'A PAS DISPARU 10 MINUTES APRÈS UNE SECONDE DOSE DE TRINITRATE DE GLYCÉRYLE, VOUS DEVEZ TROUVER DE L'AIDE MÉDICALE SANS PLUS TARDER.

On peut avaler les nitrates sous forme de comprimés, mais l'estomac a du mal à les absorber ; c'est pourquoi on a trouvé d'autres façons plus efficaces de les consommer. Ainsi, il existe un comprimé à action prolongée que l'on place entre les gencives et la paroi de la joue et qu'on laisse fondre pendant plusieurs heures (on parle alors de comprimé buccal). On trouve même un timbre transdermique qui contient du trinitrate de glycéryle. Il s'agit d'un pansement adhésif contenant le médicament que la peau absorbe peu à peu ; on le laisse en place pendant 18 heures et, en général, on l'enlève pour la nuit. Votre médecin pourra faire l'essai de plusieurs nitrates avant de décider lequel vous convient le mieux.

Bêtabloquants

Les bêtabloquants forment un groupe de médicaments qui ont été découverts il y a plus de 30 ans au Royaume-Uni et qui ont constitué une percée majeure dans le traitement de l'angine. On les a appelés ainsi, car ils bloquent les effets de l'adrénaline (ou épinéphrine) sur les bêtarécepteurs du cœur, des poumons et des vaisseaux sanguins. Ils ralentissent le rythme cardiaque et réduisent la tension artérielle, en particulier pendant un effort physique, ce qui permet au cœur d'accomplir davantage avant que l'angine se manifeste. Les personnes atteintes d'angine disent pouvoir marcher plus longtemps et recourir moins souvent au trinitrate de glycéryle. Elles ont parfois l'impression que l'angine a disparu, bien qu'elle ferait probablement son apparition si elles s'adonnaient à des exercices vigoureux.

Malheureusement, les bêtabloquants ne conviennent pas à chacun. On ne peut les prescrire à ceux qui sont atteints de bronchite ou d'asthme, car ils peuvent gêner la respiration. Ils peuvent en outre entraîner comme effets secondaires un refroidissement des mains et des pieds, une douleur aux muscles de la jambe alors que l'on se promène, la fatigue et, à l'occasion, l'impuissance. Nous disposons cependant de plus d'une douzaine de bêtabloquants et quelques-uns conviennent mieux à certains que d'autres.

Inhibiteurs calciques

Les inhibiteurs calciques ralentissent le rythme d'entrée du calcium dans les cellules, en particulier au niveau du muscle cardiaque et des parois des vaisseaux sanguins. Ce groupe de médicaments agit à la manière des nitrates en dilatant les artères coronaires et en améliorant le débit sanguin en direction du cœur. À l'instar des bêtabloquants, ils accroissent la somme d'exercice que l'on peut faire avant de subir une crise d'angine, bien qu'ils ne ralentissent pas le rythme cardiaque. Étant donné que leur action est différente, on peut les employer en conjugaison avec les bêtabloquants ou les nitrates. Leurs effets secondaires les plus courants sont les maux de tête et les étourdissements, mais ils peuvent également entraîner l'enflure des chevilles et la constipation.

Nicorandil

Le nicorandil agit un peu à la manière des nitrates et des inhibiteurs calciques afin de dilater les artères coronaires. Il s'appuie toutefois sur un mécanisme différent et peut

Mode d'emploi des nitrates

Les nitrates sont proposés sous différentes formes.

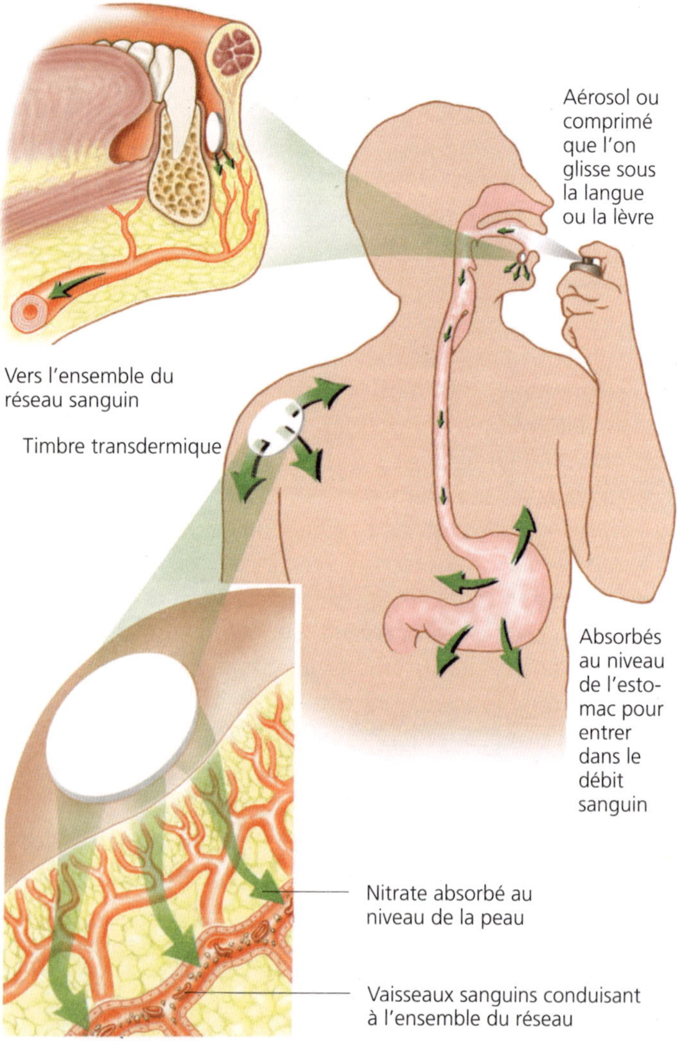

agir lorsque les nitrates sont impuissants. Il peut en outre réduire le risque de crise cardiaque chez certains patients.

Ivabradine

Voici un nouveau médicament servant au traitement de l'angine. L'ivabradine agit en réduisant le rythme cardiaque, ce qui permet au patient de faire davantage d'exercice et de voir apparaître moins de symptômes. Elle semble aussi efficace que les bêtabloquants sans les mêmes effets secondaires.

Aspirine

Toute personne atteinte d'angine devrait prendre de l'aspirine, à condition d'y réagir favorablement. L'aspirine fluidifie le sang, de sorte qu'il se forme moins de caillots. Le principal danger qu'encourt un patient atteint d'angine est qu'un caillot se forme à l'intérieur d'une artère coronaire rétrécie et qu'une crise cardiaque s'ensuive. En réduisant le risque de voir des caillots se former, l'aspirine réduit le risque de crise cardiaque.

La quantité d'aspirine nécessaire n'est que de 75 mg par jour, soit le quart d'un comprimé ordinaire. Étant donné le faible dosage, les effets secondaires sont rares, mais certains sont allergiques à l'aspirine (en particulier les asthmatiques), alors que chez d'autres elle provoque des indigestions.

Clopidogrel

Le clopidogrel agit comme l'aspirine afin de fluidifier le sang, mais il provoque moins l'indigestion. Une recherche récente montre également qu'il est très utile pour traiter l'angine instable lorsqu'on l'associe à l'aspirine. Si vous avez séjourné à l'hôpital récemment en raison de votre angine, on vous a peut-être prescrit du clopidogrel et de l'aspirine, comme on le fait pour ceux qui ont subi une angioplastie.

Autres médicaments

D'autres médicaments sont en voie d'élaboration pour le traitement de l'angine et votre médecin souhaitera peut-être faire l'essai de l'un d'eux sur vous, soit parce que d'autres n'ont apporté aucun résultat, soit parce qu'ils ont des effets secondaires indésirables.

Parfois, un médecin peut également prescrire d'autres médicaments afin de réguler votre tension artérielle de façon plus efficace. Son choix peut alors porter sur des inhibiteurs de l'enzyme de conversion de l'angiotensine (ou inhibiteurs de l'ECA) et la preuve existe que ces médicaments contribuent à prévenir toute dégradation de l'état du cœur. (Reportez-vous à la page 96 pour plus de renseignements sur ces médicaments.)

Angioplastie et intervention chirurgicale

Plusieurs interventions visant à améliorer le débit sanguin ont été mises au point, lesquelles s'appuient sur le contournement des artères (ou pontage aortocoronarien) ou encore sur leur étirement (ou angioplastie coronaire).

Une personne atteinte d'angine ne doit en aucune façon nécessairement passer par le bloc opératoire mais, lorsqu'il devient difficile de maîtriser les symptômes à l'aide de médicaments, une intervention chirurgicale peut avoir un résultat étonnant. Par exemple, une personne atteinte d'angine depuis nombre d'années peut ensuite marcher à nouveau sans difficulté, et quelques-uns, comme sir Ranulph Fiennes, ont même achevé plusieurs marathons !

Bien que le pontage aortocoronarien et l'angioplastie coronaire se soldent par un bon résultat, il ne s'agit pas d'un remède à proprement parler, en ce sens qu'ils n'éliminent pas le problème à la base, qui est la congestion des artères. Le patient doit prendre toutes les mesures qui s'imposent pour prévenir la dégradation de ses artères en misant en outre sur la modification de ses habitudes (par exemple, renoncer à fumer) ou en consommant des médicaments tels que les inhibiteurs de cholestérol.

Angioplastie

Qu'en est-il au juste ?

On pratique l'angioplastie depuis 25 années, une intervention qui consiste à étirer les zones rétrécies des vaisseaux sanguins afin d'améliorer la circulation du sang. Plus facile à pratiquer et nécessitant moins de temps qu'un pontage aortocoronarien, elle est moins efficace à long terme.

En théorie, l'angioplastie consiste à introduire à l'aide d'un fil-guide un ballonnet long et fin à l'intérieur d'une zone plus étroite d'un vaisseau sanguin. On gonfle ensuite le ballonnet sous haute pression, ce qui étire la paroi artérielle et provoque souvent le fendillement des dépôts de plaques lipidiques qui y adhèrent. On dégonfle ensuite le ballonnet pour le retirer, et l'artère reste bien calibrée.

Degré d'efficacité de l'angioplastie

Les incidences immédiates d'une angioplastie sont d'habitude remarquables ; on note parfois la disparition complète de l'angine. Toutefois, chez une personne sur quatre, on assiste à un nouveau rétrécissement des artères, en général au cours des six mois qui suivent l'intervention. Cela peut s'expliquer parce qu'une artère n'a pas été suffisamment étirée ou parce que l'inflammation s'y est installée. On a cependant circonvenu ce problème dans une forte proportion en introduisant d'office des extenseurs chez la plupart des patients.

Un extenseur (ou endoprothèse coronaire) est un fin treillis métallique cylindrique que l'on place à l'intérieur de l'artère avant d'y gonfler un ballonnet ; il prend de l'expansion avec ce dernier et reste en place après la sortie du ballonnet. Les nouveaux modèles d'extenseur réduisent considérablement les risques de récidive, de sorte que l'angioplastie est désormais un traitement efficace à long terme pour les personnes atteintes d'angine.

Subir une angioplastie

En général, cette intervention nécessite un séjour de 24 heures à l'hôpital ; le patient se présente un matin et reçoit son congé le lendemain. De son point de vue, l'opération ressemble à une coronarographie (reportez-vous à la page 65).

À l'aide d'un fil-guide, on introduit un ballonnet dégonflé dans les zones plus étroites des vaisseaux sanguins, puis on le gonfle.

Une fois l'artère ouverte, on retire le ballonnet et le fil-guide.

On éprouve parfois une douleur thoracique au cours de l'intervention et le risque est faible mais réel qu'une angioplastie occasionne une obstruction soudaine, auquel cas il faut procéder d'urgence à un pontage aorto-coronarien. D'ordinaire, le patient retrouve son existence normale au bout d'une semaine.

L'angioplastie est une intervention à laquelle on peut procéder plus d'une fois chez un même patient.

Angioplastie coronaire et introduction d'un extenseur

L'angioplastie s'articule autour de l'introduction par l'entremise d'un fil-guide d'un ballonnet que l'on gonfle à l'intérieur d'une artère obstruée pour la maintenir à un calibre idéal.

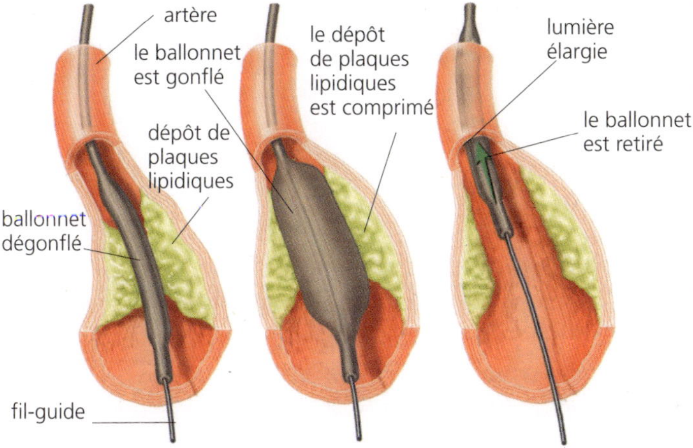

Introduction du ballonnet — Gonflement du ballonnet — Retrait du ballonnet

Un fin treillis métallique cylindrique est utilisé pour garder l'artère ouverte et prévenir toute récidive.

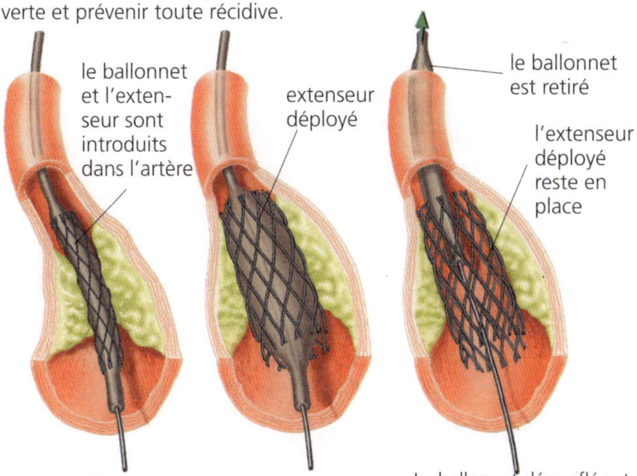

Extenseur et ballonnet dégonflé en place — Le ballonnet est gonflé et déploie l'extenseur. — Le ballonnet dégonflé est retiré ; l'extenseur reste en place dans l'artère.

Qui peut subir une angioplastie ?

Malheureusement, l'angioplastie ne convient pas à tous. Elle est conseillée à ceux qui ont une ou deux artères d'importance rétrécies ; elle est moins efficace à l'intérieur des vaisseaux de petit calibre ou lorsqu'il y a rétrécissement à l'intérieur des trois artères coronaires. En l'occurrence, un pontage aortocoronarien peut faire une meilleure solution à long terme.

Pontage aortocoronarien

Qu'en est-il au juste ?

Le pontage aortocoronarien marque une avancée majeure dans le traitement de l'angine. Il consiste à contourner les obstructions à l'intérieur des artères coronaires en se servant de vaisseaux sanguins de substitution empruntés à la paroi de la cage thoracique ou aux jambes.

Au départ, les chirurgiens se servaient de veines tirées de la jambe. Elles étaient sectionnées en tronçons de 10 à 13 cm (4 à 5 po) et cousues entre les artères coronaires congestionnées et l'aorte (l'artère principale entre le cœur et le reste de l'organisme).

Au cours des 20 dernières années, les techniques ont évolué et, lorsque faire se peut, la majorité des chirurgiens se servent à présent de petites artères plutôt que de greffons veineux. Cette technique se solde à long terme par un meilleur résultat, car les veines ne sont pas faites pour résister à la pression d'ordinaire présente à l'intérieur des artères coronaires.

Les deux artères dont on se sert le plus souvent sont les artères mammaires, qui courent derrière le sternum. On peut les greffer à l'une ou l'autre des artères coronaires droite ou gauche. Certains chirurgiens se servent même d'artères tirées du bras. Toutes ces artères

Pontage aortocoronarien

On prélève un tronçon d'une veine de la jambe et on le greffe à l'aorte et à l'artère coronaire.

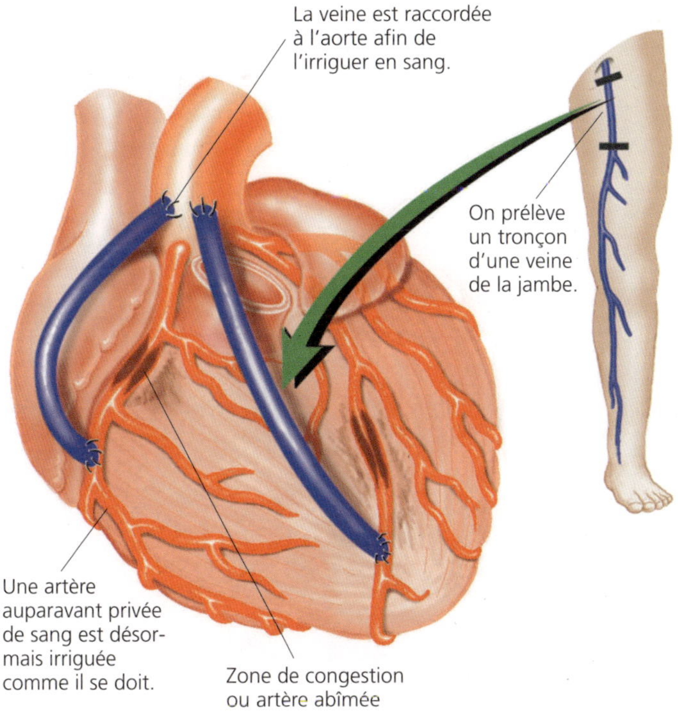

sont en général utiles plus longtemps que les greffons veineux.

Quels sont les risques de cette intervention ?

La plupart des interventions chirurgicales au cœur ne sont pas exemptes de risques et ne seraient pas conseillées à toutes les personnes atteintes d'angine, en particulier si les symptômes sont faibles. On rencontre

Pontage aortocoronarien

Montrant un greffon de l'artère mammaire

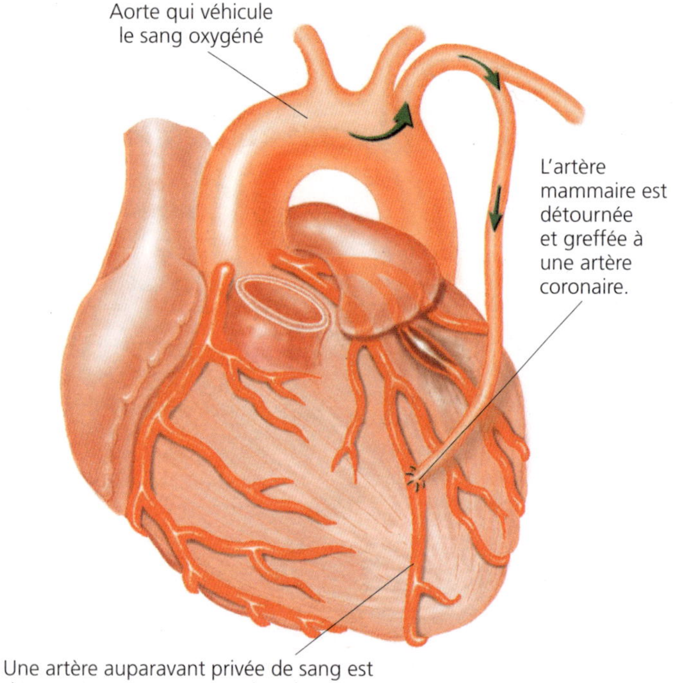

toutefois des personnes atteintes d'angine légère qui ont besoin d'un pontage aortocoronarien, car elles courent un grand risque de crise cardiaque. En pareil cas, l'angiographie a d'ordinaire montré que les trois artères coronaires sont atteintes.

Quelques personnes souffrent encore d'angine après un pontage aortocoronarien, car il n'est pas toujours possible de contourner toutes les obstructions. Le contournement de toutes les artères principales réduira le risque de crise cardiaque éventuelle, mais certaines artères sont parfois trop fines pour que l'on y pratique cette intervention ; le patient peut donc encore souffrir d'angine légère, mais il est généralement possible de la maîtriser par la prise de médicaments.

Malheureusement, les nouveaux vaisseaux sanguins ne sont pas toujours éternels et, s'ils rétrécissent ou se congestionnent, une autre intervention peut être nécessaire. Un deuxième pontage est plus risqué qu'un premier, mais si l'on se tourne vers les artères mammaires, le résultat à long terme peut être aussi bon, voire meilleur.

Subir un pontage aortocoronarien

- En général, le patient séjourne un ou deux jours à l'hôpital avant l'intervention pour y subir des tests et une évaluation générale.
- Le jour même de l'intervention, on l'endort dans la salle d'anesthésie et il se réveille à l'unité de soins intensifs, probablement toujours relié à un insufflateur qui respire à sa place.
- Souvent, le patient est sous perfusion, a des drains et est relié à des moniteurs pendant les 24 heures qui suivent l'intervention, au bout desquelles on le ramène à sa chambre sans tous ces accessoires.
- Après 5 à 10 jours, il peut rentrer chez lui et, quelque 6 à 8 semaines plus tard, il est en mesure de reprendre la plupart de ses activités. Autrement dit, il peut alors conduire son véhicule, retourner au travail pour peu qu'il n'ait pas à accomplir un travail physique rigoureux et recommencer à avoir des rapports intimes.

POINTS CLÉS

- On consomme le trinitrate de glycéryle sous forme de comprimé qu'on laisse fondre sous la langue ou d'aérosol ; il apaise vite la douleur de l'angine et le patient doit en avoir sous la main en tout temps.
- Les nitrates, les bêtabloquants et les inhibiteurs calciques sont très efficaces pour maîtriser l'angine, qu'on les consomme seuls ou en association.
- L'angioplastie est une intervention par laquelle on introduit un ballonnet à l'intérieur d'une artère rétrécie afin de lui redonner son calibre normal ; elle s'avère très efficace en certaines circonstances, en particulier lorsqu'on implante un extenseur dans l'artère.
- Un pontage aortocoronarien fait un traitement très efficace de l'angine, en particulier lorsque la maladie en est à un stade avancé.

Le traitement d'une crise cardiaque

Secours d'urgence

Si vous éprouvez une douleur aiguë à la poitrine, que vos pieds sont froids, que vous transpirez et avez la nausée, vous faites probablement une crise cardiaque. Une telle chose survient lorsqu'une artère coronaire est obstruée, en général en raison d'un vaisseau sanguin rendu plus étroit. Des techniciens ambulanciers, des ambulanciers paramédicaux, un omnipraticien ou une équipe de ces trois intervenants pourront venir à votre secours, mais leurs objectifs seront les mêmes, à savoir stabiliser votre cœur et réduire les dégradations du muscle cardiaque si la chose est possible.

Dès l'arrivée de l'aide médicale, vous recevrez de l'oxygène et l'on introduira une canule (un petit tube) de plastique dans une veine de votre bras, de sorte que tout médicament dont vous aurez besoin passera directement dans votre sang. On fixera des électrodes pour électrocardiogramme à votre poitrine afin de surveiller votre rythme cardiaque, vous recevrez peut-être de la morphine pour engourdir la douleur et autre chose pour apaiser la nausée.

PRIORITÉS EN MATIÈRE DE TRAITEMENT

Voici les priorités d'une équipe d'urgence médicale chargée de soigner un patient qui fait une crise cardiaque :

- soulager la douleur et les autres symptômes tels que la nausée ;
- traiter rapidement toute irrégularité cardiaque, à l'aide d'un défibrillateur s'il le faut ;
- rétablir l'irrigation sanguine dans la zone du cœur atteinte en dissolvant le caillot à l'intérieur de l'artère coronaire ;
- traiter les complications issues de la crise cardiaque telles qu'un rythme cardiaque irrégulier ou une insuffisance cardiaque.

Dissoudre le caillot

En début de traitement, il importe de dissoudre le caillot qui obstrue le vaisseau sanguin et l'on s'y emploie parfois avant que le patient n'atteigne l'hôpital. Cela peut paraître bizarre, mais le fait de croquer un cachet d'aspirine est un bon départ. L'aspirine est absorbée au niveau de la paroi buccale et commence aussitôt à éclaircir le sang.

En plus de l'aspirine, nous disposons de plusieurs nouveaux médicaments. Au cours des deux dernières décennies, le traitement des crises cardiaques a connu une évolution prodigieuse, d'autant qu'il existe désormais de puissants médicaments qui servent à dissoudre le caillot sanguin à l'origine du problème. Ces médicaments sont des agents thrombolytiques (appelés souvent

L'effet d'un médicament thrombolytique

Au premier temps d'une crise cardiaque, on peut administrer de puissants médicaments afin de dissoudre le caillot sanguin à l'origine du problème.

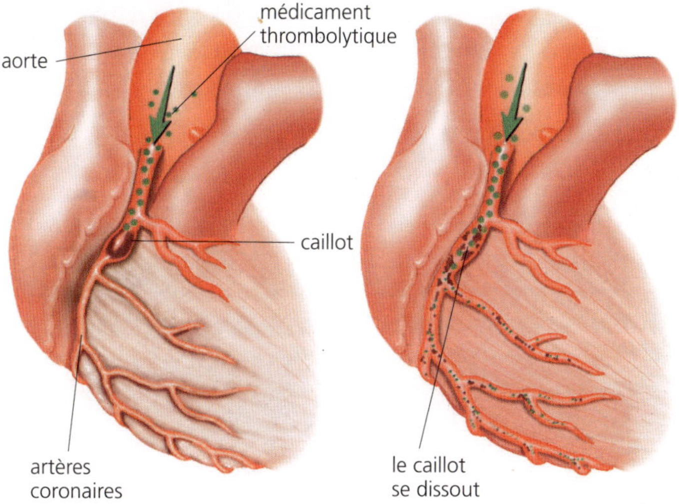

Avant le traitement **Après le traitement**

« briseurs de caillots ») et on les administre par injection. La streptokinase ou le tPA (activateur tissulaire du plasminogène) sont les plus usités des médicaments thrombolytiques au Royaume-Uni.

Il faut surtout retenir des médicaments thrombolytiques qu'ils agissent mieux lorsqu'on les administre au cours des six heures qui suivent une crise cardiaque. La raison en est que, par la suite, le cœur risque d'être trop abîmé pour pouvoir se rétablir, même si l'artère est désobstruée. Pour cette raison, les ambulanciers paramédicaux sont désormais habilités en certaines régions à administrer des médicaments thrombolytiques afin de réduire le plus possible le temps d'attente.

CARTE ATTESTANT UNE CONSOMMATION DE STREPTOKINASE

Si vous recevez de la streptokinase, on vous remettra une carte indiquant à quel moment vous en avez reçu. La raison en est que la plupart des patients développent une résistance à ce médicament au bout d'environ cinq jours, laquelle peut durer pendant une année ou plus.

S'il vous faut consommer des médicaments thrombolytiques au cours de cette période, vous recevrez donc du tPA.

IL IMPORTE QUE VOUS AYEZ TOUJOURS CETTE CARTE EN VOTRE POSSESSION AU CAS OÙ VOUS SERIEZ HOSPITALISÉ DE NOUVEAU.

Ces puissants médicaments ne sont pas exempts de risques, mais des essais à grande échelle réalisés auprès de dizaines de milliers de patients ayant fait une crise cardiaque ont montré que leurs avantages l'emportent sur les risques.

Étant donné qu'ils sont conçus pour dissoudre des caillots sanguins, les médicaments thrombolytiques prédisposent ceux qui en reçoivent aux saignements. Cela peut représenter une menace chez certains, par exemple quelqu'un qui vient de subir une intervention chirurgicale majeure, qui a eu un accident vasculaire cérébral ou qui souffre d'un ulcère hémorragique à l'estomac. En pareilles situations, on peut procéder sur-le-champ à une angioplastie si le patient se trouve à un hôpital où cette intervention est pratiquée (reportez-vous à la page 79).

Angioplastie primaire

L'angioplastie, cette intervention qui sert au traitement de l'angine (reportez-vous à la page 71), est en outre très efficace pour dégager le caillot à l'origine d'une crise cardiaque. On constate une tendance marquée à recourir à l'angioplastie dans le traitement des crises cardiaques en Europe et en Amérique du Nord, et l'habitude se répand au Royaume-Uni.

Cette intervention a l'avantage d'être plus efficace pour déloger le caillot et rétablir l'irrigation sanguine à l'intérieur de la zone abîmée du cœur, sans les risques de saignement liés aux médicaments thrombolytiques. Le désavantage tient à ce qu'il faut être à proximité d'un hôpital en mesure de la pratiquer sans tarder ; aussi, il s'agit d'une intervention plus souvent réservée aux habitants des grandes villes.

L'angioplastie primaire est le traitement habituel des crises cardiaques que l'on pratique à Londres depuis nombre d'années, avec succès faut-il préciser. Le ministère de la Santé a incité tous les hôpitaux à mettre au point cette intervention, et elle est désormais pratiquée en plusieurs régions du pays. Bien entendu, en plus des installations techniques nécessaires à l'opération, il faut disposer d'un personnel compétent pour introduire le cathéter. Pour cette raison, plusieurs villes ont adopté une approche mixte en vertu de laquelle on procède à une angioplastie primaire pendant les heures normales de travail et à la thrombolyse à d'autres moments, soit à la maison, auquel cas les ambulanciers paramédicaux s'en chargent, soit à l'hôpital.

Si l'on traite une crise cardiaque en recourant à une angioplastie primaire, on procède exactement comme on le fait pour une angine (reportez-vous à la page 78), avec les mêmes risques et complications. Toutefois, on se sert presque chaque fois d'extenseurs et le patient reçoit parfois des médicaments pendant six mois pour prévenir la formation de caillots sanguins. En général, on se remet rapidement de l'intervention et les patients reçoivent souvent leur congé de l'hôpital plus rapidement que si on leur avait administré des médicaments thrombolytiques.

Régulation du rythme cardiaque

Peu après une crise cardiaque, le muscle abîmé peut devenir irritable et produire des irrégularités du rythme cardiaque susceptibles de stopper les battements du cœur. Voilà pourquoi certains meurent avant l'arrivée des secours. On peut traiter ces irrégularités du rythme cardiaque ou arythmies en administrant un petit choc électrique au cœur à l'aide d'un appareil appelé défibrillateur.

Les personnes qui reçoivent ce traitement sont toujours évanouies, de sorte qu'aucune anesthésie n'est nécessaire. Malheureusement, il n'apporte de résultat qu'à condition que le patient le reçoive dans les minutes qui suivent l'arrêt du cœur. C'est pourquoi il faut faire appel aux ambulanciers le plus rapidement possible. si vous savez ce qu'il faut faire, vous pourriez être en mesure d'aider quelqu'un en danger (reportez-vous aux pages 124 et 126).

À l'hôpital, les patients soignés à la suite d'une crise cardiaque sont d'ordinaire logés dans une salle particulière (le service des soins cardiologiques) où les rythmes cardiaques sont surveillés de près au cours des 24 ou 48 heures suivant la crise, soit la période où le risque court toujours. Si des rythmes irréguliers font leur apparition, on peut généralement les maîtriser avec des médicaments sans qu'il soit nécessaire d'administrer davantage de chocs électriques au patient. Au-delà des deux

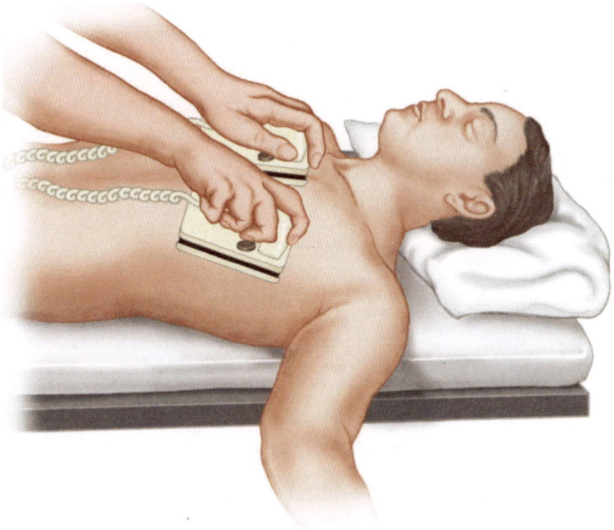

On se sert parfois d'un défibrillateur pour que le cœur recommence à battre normalement. Il administre un choc électrique à la zone cardiaque grâce aux deux plaques de métal posées sur la poitrine du patient.

premiers jours, les risques d'arythmie s'atténuent et l'on se tourne alors vers les médicaments tels que les bêta-bloquants pour prévenir une rechute.

Rétablissement à l'hôpital

Les deux premiers jours après une crise cardiaque sont les plus difficiles à supporter ; au cours de cette période, les patients font l'objet d'une étroite surveillance. Par la suite, la plupart des gens n'éprouvent plus la douleur et se remettent sur pied assez rapidement. Après une crise cardiaque sans complications, un patient peut rentrer chez lui au bout de cinq jours, mais certains, notamment les personnes âgées, doivent rester plus longtemps à l'hôpital.

Au cours de la première semaine, bien que la douleur ait disparu, on se sent las, on fait parfois un peu de température, mais cette sensation s'estompe à mesure que la guérison fait son œuvre. La zone abîmée du muscle cardiaque est réparée, une cicatrice se forme comme partout ailleurs après une blessure. La cicatrisation est plus ou moins achevée quelque quatre à six semaines après la crise cardiaque.

Si vous en êtes à votre premier séjour à l'hôpital ou si vous n'avez jamais souffert d'une maladie grave, il faudra peut-être du temps pour essayer de comprendre ce qui s'est passé, en particulier si des engagements familiaux ou financiers vous attendent. Le personnel soignant est sensibilisé à ces préoccupations et vous pouvez vous en ouvrir à lui. Le moment est aussi indiqué pour réfléchir à vos habitudes de vie et à ce que vous pouvez faire pour prévenir une autre crise cardiaque (reportez-vous au chapitre qui commence à la page 109).

Retour à la maison

Après l'attention dont on a fait l'objet à l'hôpital, il semble étrange de se retrouver à la maison. Vous vous préoccuperez à juste titre de ce que vous pouvez et ne pouvez pas faire, et votre compagne ou compagnon de vie s'inquiétera encore plus que vous ! À vrai dire, vous pourrez vous occuper de la plupart des tâches domestiques, mais vous devrez éviter toute activité physique rigoureuse au cours des premières semaines. Ainsi, vous serez exempté de la corvée d'aspirateur, qui exige davantage d'énergie qu'on ne le croit.

Il importe alors grandement que votre famille et vos amis ne se montrent pas surprotecteurs à votre endroit. À leurs yeux comme aux vôtres, la moindre douleur pourra sembler plus importante qu'elle ne le sera en réalité. La plupart des gens qui ont subi une crise cardiaque deviennent beaucoup plus sensibles à la douleur. À vrai dire, on a signalé que 90 % des gens éprouvent une forme de douleur autre que cardiaque au cours des premières semaines qui suivent une crise.

Toutefois, près d'une personne sur trois fait de l'angine. Souvent, la douleur naît d'un effort et disparaît lorsqu'on se repose. Le cas échéant, vous devriez prendre le trinitrate de glycéryle que l'on vous a remis à l'hôpital. Si la douleur subsiste après un comprimé, prenez-en un autre et, si la douleur se fait sentir pendant plus de 20 minutes, vous devriez consulter sans tarder un professionnel de la médecine. Il existe peut-être un service d'assistance téléphonique en lien avec une unité de cardiologie de votre région ; vous devriez vous en informer avant de sortir de l'hôpital.

Prise de médicaments à la maison

Au cours de la première semaine de votre séjour à l'hôpital, vous recevrez plusieurs médicaments, dont certains afin de traiter, le cas échéant, les complications postopératoires et d'autres pour réduire le risque d'ennui au cours des prochaines semaines ou des prochains mois.

Il existe désormais une grande variété de médicaments que l'on peut administrer à ceux qui ont fait une crise cardiaque et votre médecin décidera lesquels vous feront le plus grand bien. Ne vous étonnez pas si quelqu'un de vos connaissances a reçu un traitement différent, car le cocktail de médicaments est composé en fonction des besoins de chacun.

Aspirine

Il s'agit du médicament le plus souvent prescrit, mais certains ne peuvent le supporter, en général parce qu'ils

MÉDICAMENTS QUE POURRA VOUS PRESCRIRE LE MÉDECIN

Catégorie de médicaments	Nom générique*	Administration
statines	atorvastatine fluvastatine pravastatine rosuvastatine simvastatine	comprimés capsules comprimés comprimés comprimés
médicaments antiplaquettes	aspirine clopidogrel	comprimés comprimés
bêtabloquants	aténolol bisoprolol carvédilol métoprolol propranolol	comprimés ou sirop comprimés comprimés comprimés comprimés ou capsules
inhibiteurs de l'ECA	captopril énalapril lisinopril périndopril ramipril trandolapril	comprimés comprimés comprimés comprimés capsules capsules
antagonistes des récepteurs de l'angiotensine	candésartan valsartan	comprimés comprimés ou capsules
diurétiques	éplérénone furosémide	comprimés comprimés ou injection ou solution orale
antagonistes du calcium	amlodipine diltiazème vérapamil	comprimés comprimés ou capsules comprimés ou capsules
nitrates	dinitrate d'isosorbide mononitrate d'isosorbide trinitrate de glycéryle	comprimés, capsules ou sous la langue comprimés ou capsules sous la langue, contre la joue, comprimés, timbre transdermique, onguent ou aérosol
activateurs des canaux potassiques	nicorandil	comprimés

* Les sociétés pharmaceutiques donnent à leurs produits des marques de fabrique ou des dénominations en plus de leurs noms génériques ou scientifiques. Seul le nom générique paraît au tableau ; vous trouverez ce nom sur le conditionnement du médicament.

MÉDICAMENTS QUE POURRA VOUS PRESCRIRE LE MÉDECIN

Objectif	Effets secondaires possibles
réduire le taux de cholestérol	mal de tête, indigestion, inflammation musculaire à l'occasion
éclaircir le sang	malaise gastrique
ralentir le rythme cardiaque, protéger des crises cardiaques	fatigue, léthargie, mains froides, cauchemars
protéger de l'insuffisance cardiaque	toux sèche tenace, étourdissements
protéger de l'insuffisance cardiaque	
traiter et prévenir la congestion pulmonaire	
soulager l'angine	rougeur, mal de tête, enflure des chevilles, constipation
soulager l'angine	rougeur, mal de tête
soulager l'angine	mal de tête, étourdissements, vomissements

souffrent de maux d'estomac. Son action principale consiste à empêcher les plaquettes de s'agglutiner et donc à prévenir la formation de caillots. Le clopidogrel, un nouveau médicament, peut offrir une solution de rechange.

Bêtabloquants

Ces médicaments gênent l'effet de l'adrénaline sur les récepteurs du cœur et des vaisseaux sanguins, et réduisent ainsi le risque d'une autre crise cardiaque et font chuter le taux de mortalité. Nombre de médecins les prescrivent d'office après une crise cardiaque, mais certains patients ne peuvent en consommer, notamment s'ils sont atteints d'asthme ou de bronchite.

Inhibiteurs de l'ECA

Ces médicaments marquent une percée majeure dans le traitement des troubles cardiaques. L'enzyme de conversion de l'angiotensine (ECA) augmente la proportion d'angiotensine présente dans le sang. Cette dernière provoque l'étranglement des vaisseaux sanguins et la rétention du sel et de l'eau dans l'organisme. Les inhibiteurs de l'ECA, qui réduisent les niveaux d'angiotensine, ont épargné une crise cardiaque et l'insuffisance cardiaque à bon nombre de gens.

Antagonistes de l'angiotensine

Ces médicaments appartiennent à une nouvelle catégorie dont l'action est semblable à celle des inhibiteurs de l'ECA, sauf qu'ils comptent moins d'effets secondaires. Ils sont particulièrement utiles à une personne atteinte d'une intolérance aux inhibiteurs de l'ECA, par exemple en raison de la toux, que l'on observe chez près de 10 pour cent des patients. Ils agissent en provoquant la dilatation des artères et en réduisant la tension artérielle, ce qui diminue la charge de travail du cœur et lui permet de fonctionner avec plus d'efficacité.

Diurétiques

On vous prescrira des diurétiques si vous faites une congestion pulmonaire en raison d'une dégradation du cœur par suite d'une crise cardiaque. En provoquant une meilleure élimination de l'eau au niveau des reins, ils réduisent la congestion des poumons et toute rétention d'eau qui aurait pu s'installer (reportez-vous à la page 27). Bien que la congestion et la rétention d'eau atteignent une crête après la crise, il est d'ordinaire nécessaire de consommer des diurétiques pendant plusieurs mois par la suite afin de prévenir le retour de la congestion.

Le diurétique le plus couramment prescrit, le furosémide, agit rapidement, de sorte que le patient est en général informé qu'il éliminera plus d'eau que d'ordinaire entre deux à quatre heures après l'avoir absorbé. On le prescrit souvent en conjugaison avec un nouveau diurétique, l'éplérénone, qui prévient toute perte de potassium et qui semble avoir un effet protecteur.

Statines

Voici de nouveaux médicaments puissants qui réduisent le taux sanguin de cholestérol. Ils agissent en diminuant la production de cholestérol au niveau du foie et contribuent à prévenir l'engorgement progressif des artères (reportez-vous à la page 18).

Omacor

Ce médicament est fait à partir d'acides gras polyinsaturés oméga-3 très purifiés. Nous savons depuis longtemps qu'une alimentation qui fait une large place au poisson protège de l'insuffisance coronaire, et les acides gras oméga-3 sont un composant essentiel de l'huile de poisson. Des essais cliniques ont montré que l'absorption de fortes doses d'acides gras oméga-3 protège le cœur après une crise cardiaque et votre médecin pourrait vous conseiller de prendre de l'Omacor en plus d'autres médicaments, dont les statines.

Trinitrate de glycéryle

Voici l'un des médicaments les plus importants que vous prendrez à la maison, sous forme d'aérosol ou de comprimés. Il soulagera la douleur thoracique après votre hospitalisation.

Vous feriez mieux de savoir comment et à quel moment consommer le trinitrate de glycéryle avant votre sortie de l'hôpital, peut-être même d'en faire l'essai afin de connaître son effet. Les médecins, infirmières et pharmaciens répondront à vos questions à son sujet.

POINTS CLÉS

Après une crise cardiaque :

- il est essentiel de se faire soigner rapidement ; téléphonez aux ambulanciers plutôt qu'à votre omnipraticien ;
- il faut suivre le patient de près au cours des premiers jours ; d'ordinaire, on le garde sous surveillance dans un service de soins cardiologiques ;
- la plupart des gens se remettent sur pied en l'espace de six à huit semaines ;
- il importe de prendre des médicaments pour prévenir une récidive.

Surmonter une crise cardiaque

Réadaptation

Il fut un temps où les médecins insistaient pour qu'un patient garde le lit au cours des six à huit semaines suivant une crise cardiaque, forts de la conviction erronée que l'inaction permettait au cœur de mieux se cicatriser. Après un aussi long moment passé au lit, les patients se sentaient plus mal en point qu'avant la crise ! Cela n'a rien d'étonnant.

Les choses sont bien différentes à présent. Aussitôt que la douleur et la sensation de faiblesse ont disparu, d'ordinaire en l'espace de quelques jours, on vise le retour à la normale au cours des six à huit prochaines semaines.

La plupart des hôpitaux sont à présent dotés d'une unité de réadaptation cardiologique, dont les objectifs sont les suivants :

- Éducation : comprendre ce qui est à l'origine du traumatisme et ce qu'il faut faire afin de recouvrer la santé.

- Exercice : un programme d'exercice progressif afin de pouvoir reprendre ses activités normales.
- Prévention : que faire afin d'éviter une autre crise cardiaque.

Le programme de réadaptation est en général engagé à l'hôpital par la visite d'une infirmière, qui tentera de répondre à quelques-unes des questions qui vous inquiètent et qui préoccupent aussi les membres de votre famille. Elle devrait vous indiquer ce qu'il vous sera permis et interdit de faire lorsque vous aurez votre congé de l'hôpital.

On amorce d'ordinaire le programme d'exercice physique entre deux à quatre semaines plus tard, sous la supervision d'un physiothérapeute, au gymnase de l'hôpital. Vous serez peut-être entre 10 et 15 personnes à suivre le même programme ; il s'agit d'un bon endroit où échanger avec des gens qui ont vécu la même expérience que vous. Il est rassurant de voir quelqu'un qui fait de l'exercice de façon énergique à la fin du programme alors que l'on en est au début et que l'on s'inquiète de ce qui va suivre.

Pour beaucoup de personnes d'âge mûr, il peut s'agir des premiers exercices physiques qu'elles font depuis nombre d'années, et la chose leur paraîtra étrange au départ. Toutefois, l'effort physique nécessaire leur semblera de plus en plus léger alors que les semaines passeront et, selon toute probabilité, elles se sentiront en bien meilleure forme qu'avant la crise à la fin du programme.

Une séance de réadaptation a, en général, une durée d'une à deux heures, à raison de deux fois la semaine au cours de six à huit semaines. En plus de l'exercice même, du temps est prévu afin de discuter des causes d'une crise cardiaque et des mesures de prévention.

On prévoit aussi parfois une rencontre avec un pharmacien, une diététicienne et un cardiologue afin de répondre aux questions que votre compagne ou compagnon de vie et vous-même pourriez avoir.

Problèmes particuliers

Conduite automobile

Il ne faut pas conduire de véhicule automobile au cours du mois qui suit une crise cardiaque. Vous n'êtes pas tenu d'en prévenir l'organisme de réglementation des véhicules automobiles, mais vous devriez en informer votre société d'assurances. Des règlements particuliers sont prévus à l'intention des gens qui gagnent leur vie en conduisant un véhicule, comme les chauffeurs d'autobus et les camionneurs, et vous devriez en parler à votre médecin. En certaines villes, ces règlements valent également pour les chauffeurs de taxi.

Activité sexuelle

Après avoir subi une crise cardiaque, on s'inquiète à l'idée d'avoir des rapports sexuels. Au départ, on n'en a pas nécessairement envie, mais il est assurément raisonnable de s'y remettre au bout de trois ou quatre semaines après une crise, si on le souhaite. Il ne faut pas faire preuve d'une trop grande vigueur jusqu'à ce que l'on se soit complètement remis, ce qui d'ordinaire survient entre la sixième et la huitième semaine. Quelques-uns des médicaments prescrits ralentissent la pulsion sexuelle et, si vous avez l'impression qu'il en est ainsi, vous devriez en parler à votre médecin.

Travail

À la suite d'une crise cardiaque, la plupart des gens sont en mesure de retourner au travail au bout de deux ou trois mois. Pour ceux dont le travail exige peu sur le plan physique, huit semaines de repos peuvent être suffisantes. Les travailleurs manuels doivent parfois s'arrêter plus longtemps et des exercices particuliers sont prévus à leurs programmes de réadaptation en vue d'améliorer leur capacité physique à l'effort. (Il est intéressant de souligner que l'un des programmes d'exercice les plus réussis fut établi à Barnsley en Grande-Bretagne pour aider les mineurs à retourner au travail.)

Vacances

Il est peut-être plus sûr de ne pas prendre de vacances à l'étranger au cours des deux ou trois mois qui suivent une crise cardiaque. Par la suite, vous pourrez probablement vous rendre dans les destinations de votre choix, à la condition d'être tout à fait remis. S'il y a un doute à ce sujet, parlez-en à votre médecin. Avant chaque déplacement, vous devriez souscrire une assurance complète qui tient compte des maladies du cœur. Si vous prenez des médicaments, veillez à en avoir suffisamment pour la durée du voyage et rangez-les dans vos bagages à main.

Angoisse et dépression

Au cours des premières semaines qui suivent une crise cardiaque, tant de choses surviennent et il y a tellement matière à réfléchir qu'une dépression ne risque pas trop de s'installer. Toutefois, lorsque la vie reprend son cours normal, on dispose de plus de temps pour s'inquiéter de ce que l'avenir nous réserve et c'est à ce moment que les problèmes peuvent surgir.

La mauvaise humeur est la réaction que l'on observe le plus souvent, même chez les individus de nature placide, et leurs compagnes ou compagnons de vie affirment souvent recevoir une volée de bois vert pour des vétilles. Ce type de problème disparaît en général lorsque l'individu retourne au travail et que la vie reprend son cours, mais quelques-uns restent irascibles plus longtemps.

Chacun se fait du souci après une crise cardiaque et, malgré les conseils positifs des médecins, des infirmières et des proches, quelques-uns continuent de se faire un sang d'encre. Il y a certes lieu de s'inquiéter d'une éventuelle crise cardiaque et de tout ce qui s'ensuit. Il est normal de s'inquiéter de soi, de sa famille, même s'il est difficile de formuler pourquoi au juste. Une crise cardiaque peut assener un dur coup à la confiance en soi, en particulier si l'on n'a jamais eu de maladie grave auparavant, et il est plutôt facile de s'enfoncer dans la dépression.

Reconnaître la dépression

La dépression est une maladie aussi réelle qu'une maladie du cœur, et il est tout aussi possible de la traiter. Vous pourriez être dépressif si vous montrez plusieurs des symptômes suivants :

- la tristesse ou une tendance à pleurer ;
- une absence d'enthousiasme ou d'intérêt face au travail ou aux passe-temps ;
- une piètre estime de soi ;
- une préoccupation en rapport avec la santé ;
- une piètre concentration ;
- des troubles du sommeil, en particulier du mal à s'endormir ou se réveiller trop tôt ;
- une fatigue constante ;
- une chute de la libido.

Chez ceux qui souffrent de dépression, les niveaux de substances chimiques qui transmettent les signaux au cerveau sont anormalement faibles et un traitement fondé sur des antidépresseurs peut les ramener à la normale. Ces médicaments ne provoquent pas l'accoutumance, contrairement à certains tranquillisants, et l'on peut cesser d'en absorber aussitôt que la dépression est chassée. La plupart des gens en consomment pendant une période qui oscille entre trois et six mois.

Ce qu'il faut savoir au sujet de l'angoisse et de la dépression, c'est qu'elles sont plutôt courantes et qu'elles sont curables. Souvent, le seul fait de discuter de ses états d'âme avec quelqu'un qui a connu la même expérience suffit à nous remettre sur les rails. Il existe désormais de nombreux groupes d'entraide en lien avec les services de réadaptation cardiologique en mesure d'apporter un appui à long terme lorsqu'il le faut. Si vous présentez plusieurs des symptômes énumérés précédemment, ne les affrontez pas seul ou n'attendez pas qu'ils disparaissent d'eux-mêmes, et consultez votre médecin.

POINTS CLÉS

À la suite d'une crise cardiaque :

- la plupart des troubles surviennent au cours des 48 heures suivant l'incident ; après cela, la vie reprend vite son cours normal ;
- faire régulièrement de l'exercice pourra vous aider à vous remettre sur pied, mais il faut procéder sous supervision professionnelle ;
- on éprouve souvent des problèmes d'ordre affectif à la suite d'une crise cardiaque, que l'on peut surmonter en s'en ouvrant à une oreille sympathique ou en prenant des médicaments.

Prendre soin de son cœur

Est-il trop tard ?

Peut-être croyez-vous qu'il est désormais trop tard pour la prévention si vous avez déjà fait une crise cardiaque ou si vous êtes atteint d'angine. Pourtant, il y a beaucoup de choses que vous pouvez faire afin de réduire le risque d'une éventuelle crise cardiaque en diminuant votre nombre de facteurs de risque. Cela est particulièrement important après un pontage aortocoronarien, car ainsi vos nouveaux vaisseaux sanguins risqueront moins de s'obstruer.

Quelques maladies, notamment le diabète et l'hypertension, peuvent accroître le risque de voir apparaître l'insuffisance coronaire, mais ce risque est moindre lorsque le patient maîtrise la situation avec les médicaments opportuns.

Réduire le taux sanguin de cholestérol

Les médecins parlent de lipides pour désigner les matières grasses présentes dans le sang. Le cholestérol est le plus célèbre d'entre eux, mais il en existe un autre type – les triglycérides – qui contribue aussi à l'insuffisance coronaire.

Le cholestérol s'est gagné une mauvaise réputation à titre de cause de maladies du cœur et des vaisseaux sanguins, mais il tient également des fonctions essentielles dans l'organisme et nul ne pourrait se passer complètement de lui. Le cholestérol est fabriqué à l'intérieur du foie et sert au niveau des membranes cellulaires à faire la bile et à former les hormones, ces messagères chimiques essentielles à notre bon fonctionnement. Même si quelqu'un rayait complètement le cholestérol de son alimentation, il s'en trouverait quand même dans son sang.

En réalité, l'alimentation de la plupart des pays occidentaux comporte de grandes quantités de matières grasses d'origine animale que l'organisme transforme en cholestérol. Ces matières grasses sont absorbées par l'estomac et les intestins, et passent ensuite au foie où elles sont dégradées avant de circuler dans le reste de l'organisme pour fournir de l'énergie ou être emmagasinées dans les cellules adipeuses. Les matières grasses circulent dans l'ensemble de l'organisme en empruntant la voie de la circulation sanguine sous forme de particules qui contiennent à la fois du cholestérol et d'autres matières grasses.

Évaluation du taux sanguin de cholestérol

LDL et HDL

Lors de l'évaluation du taux sanguin de cholestérol, les techniciens du laboratoire quantifient habituellement plusieurs types de matières grasses. Le taux global de cholestérol est constitué de deux types de cholestérol, la lipoprotéine de basse densité (LDL) et la lipoprotéine de haute densité (HDL).

La LDL est communément appelée « mauvais » cholestérol car, lorsqu'on la trouve en concentration trop élevée, elle s'agglutine aux parois des artères coronaires jusqu'à occasionner l'athérome. Près des deux tiers du cholestérol présent dans le sang sont des LDL ; en général, lorsqu'un médecin affirme que notre taux de cholestérol est trop élevé, il parle des LDL.

Par contre, la HDL est considérée comme un « bon » cholestérol et, plus on la trouve en concentration élevée, moins on risque de développer une maladie du cœur. Les femmes ont un taux sanguin de HDL plus élevé que les hommes, mais cette différence s'estompe d'ordinaire après la ménopause. La concentration de HDL augmente en outre lorsqu'on fait régulièrement de l'exercice physique.

Triglycérides

Les triglycérides sont le troisième type de lipides dont on mesure la concentration dans un échantillon sanguin. Ils constituent la majeure partie des matières grasses présentes dans les cellules adipeuses de l'organisme et, lorsqu'ils sont libérés dans le sang, ils procurent l'énergie nécessaire aux activités quotidiennes. Bien que les triglycérides ne s'agglomèrent pas en quantité aux parois artérielles, nous avons établi une adéquation indirecte entre une forte concentration sanguine de triglycérides et l'insuffisance coronaire.

La majorité des personnes qui font de l'angine ou une crise cardiaque ont dans le sang des concentrations de lipides élevées, à cause de ce qu'elles mangent d'une part et de leurs antécédents génétiques, d'autre part. Il est possible, grâce à un régime précis, de réduire les concentrations sanguines de lipides ou de cholestérol de 10 à 20 pour cent mais, si l'on souhaite les réduire davantage, la prise de médicaments s'impose.

Absorption et distribution des lipides à l'intérieur de l'organisme

Les matières grasses sont absorbées au niveau de l'estomac et dégradées dans le foie avant d'être mises en circulation.

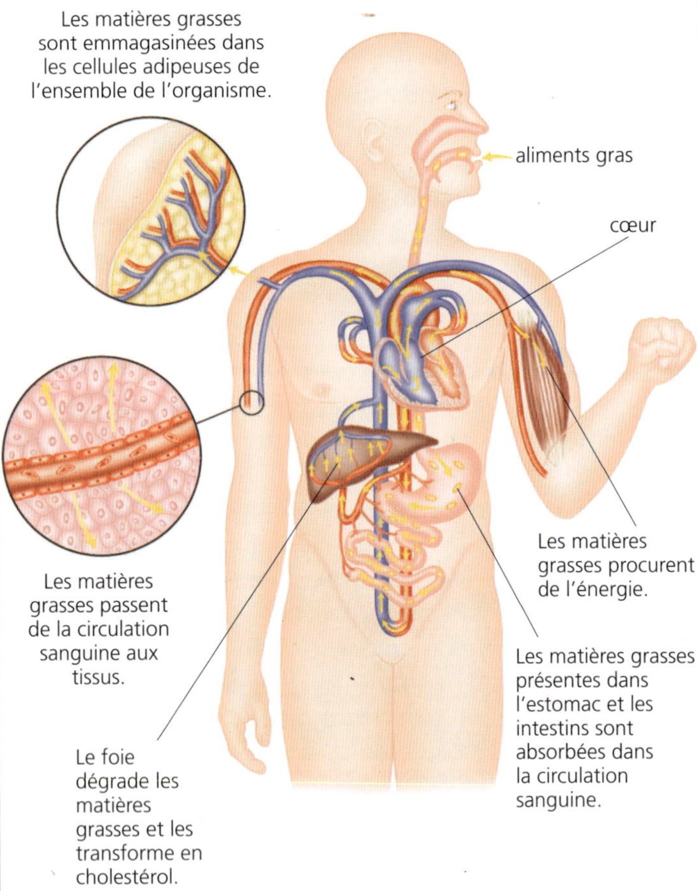

Il se peut que votre médecin vous prescrive plus d'un médicament afin de réduire votre taux de lipides, car leurs actions sont différentes. Toutefois, il vous donnera des conseils sur la manière de réduire le cholestérol de votre alimentation parce que cela s'impose afin que le traitement soit vraiment efficace (reportez-vous aux pages 109 à 114).

Statines

Le traitement du cholestérol a connu une percée remarquable au cours de la dernière décennie avec l'élaboration de cette nouvelle catégorie de médicaments dont l'action consiste à ralentir la production de cholestérol au niveau du foie. Les statines peuvent faire chuter le taux sanguin de cholestérol jusqu'à concurrence de 40 % et comportent peu d'effets secondaires.

Plusieurs études de grande envergure menées en Europe, en Australie et aux États-Unis auprès de milliers de patients montrent qu'une telle baisse du taux de cholestérol est suivie par une réduction de 20 à 30 % du risque d'une éventuelle crise cardiaque. Les statines les plus employées en ce moment sont la simvastatine et l'atorvastatine, bien que plusieurs autres soient en cours d'élaboration.

D'ordinaire, on prend une dose unique de ces médicaments sous forme de comprimé en soirée et leurs effets secondaires sont minimes. Ils provoquent, rarement faut-il préciser, l'inflammation des muscles des bras et des jambes ainsi qu'une douleur semblable à celle d'une grippe. On constate ces effets au cours des semaines qui suivent le début du traitement et il faut les signaler sans tarder au médecin traitant. L'inflammation se résorbe aussitôt que l'on cesse de prendre les comprimés.

Si ces médicaments n'entraînent aucun inconvénient au cours des premières semaines de traitement, ils risquent peu d'en entraîner par la suite.

Fibrates

Chez certains, notamment chez les diabétiques, les lipides qui posent problème ne sont pas tant le cholestérol que les triglycérides. Dans ce cas, on peut se tourner vers une autre catégorie de médicaments, les fibrates. Eux aussi peuvent occasionner des douleurs musculaires au cours des premières semaines, mais autrement ils comptent peu d'effets secondaires. Ils peuvent réduire le taux de cholestérol de 10 à 15 % et d'autant le risque d'insuffisance coronaire.

Ézétimibe

L'ézétimibe entrave l'absorption du cholestérol au niveau de l'intestin et réduit le taux de cholestérol de près de 15 %. On en prend un comprimé chaque jour conjointement avec une statine ou seul chez les patients qui sont intolérants aux statines.

Résines

Les résines réduisent le taux de cholestérol en le fixant au niveau de l'intestin, ce qui a une incidence sur leur absorption dans le reste de l'organisme. On les consomme sous forme de poudre que l'on dilue en général dans un jus de fruits, à raison d'une ou deux fois par jour. Étant donné qu'elles ne sont pas absorbées par l'organisme, elles ne peuvent entraîner aucun effet secondaire grave dans les tissus organiques, mais elles peuvent provoquer des flatulences ou la constipation chez quelques personnes.

MÉDICAMENTS POUR LE TRAITEMENT D'UN TAUX ÉLEVÉ DE CHOLESTÉROL		
Groupe de médicaments	Exemples de noms génériques	Exemples de marques de fabrique
statines	rosuvastatine fluvastatine atorvastatine pravastatine simvastatine	Crestor Lescol Lipitor Lipostat Zocor
fibrates	bézafibrate gemfibrozil	Bezalip Lopid
inhibiteurs de cholestérol	colestipol cholestyramine ézétimibe	Colestid Questran Ezetrol

Il est en outre prouvé que les résines réduisent le risque d'une crise cardiaque éventuelle, mais elles sont moins puissantes que les statines, avec une réduction de l'ordre de 10 à 15 % seulement.

Améliorer votre alimentation

Il n'est certes pas facile de modifier vos habitudes alimentaires, d'autant qu'elles sont souvent ancrées depuis l'enfance, mais il est important de le faire si vous voulez éloigner le risque d'une éventuelle crise cardiaque. Les règles de base sont assez simples ; vous les trouverez dans l'encadré qui suit.

LES QUATRE MESURES D'UNE ALIMENTATION SAINE

Tous peuvent profiter d'une alimentation plus saine en observant les principes suivants :

- réduire la quantité globale de matières grasses consommées ;
- remplacer les matières grasses d'origine animale (les produits laitiers) par des huiles végétales, en particulier l'huile d'olive ;
- consommer davantage de fruits et de légumes frais; suivre un régime amaigrissant, s'il le faut.
- Attaquez une diète sévère si nécessaire.

Manger sainement ne veut pas dire renoncer à tous les aliments que vous aimez ou ne manger que de la luzerne. La plupart des habitants de ce pays consomment beaucoup plus de gras, en particulier d'origine animale et des produits laitiers, qu'il n'est bon pour eux, et en réduire la consommation serait un avantage santé pour tous les membres de votre famille.

Les viandes rouges, les fromages à pâte ferme, le beurre, la crème, le lait et le yaourt complets, sans compter les matières grasses employées pour la cuisson telles que le saindoux, contiennent tous des gras dits saturés en grande quantité. Il est sage de réduire sa consommation de gras saturés ou de les réserver aux jours de fête.

Certains aliments tels que les œufs, le foie, les rognons, les mollusques et les crustacés contiennent du

Une alimentation saine

Un régime riche en fibres alimentaires provenant des fruits et des légumes aura une heureuse incidence sur votre santé.

cholestérol en assez grande quantité. Vous feriez mieux de moins en consommer, bien qu'ils contribuent probablement moins à hausser le taux sanguin de cholestérol que les aliments riches en matières grasses d'origine animale.

En général, réduire sa consommation de matières grasses est un bon moyen de perdre du poids et plusieurs s'aperçoivent que, après avoir modifié leur alimentation, ils font moins d'indigestions. Il faut se rappeler que nombre d'aliments transformés et préparés tels que les tartes, les biscuits, les gâteaux et le reste peuvent contenir quantité de matières grasses d'origine animale. Cela est notamment le cas des hamburgers !

À présent que nous sommes devenus plus soucieux de notre santé, plusieurs des aliments proposés dans les supermarchés affichent leur contenu en matières grasses.

Gras polyinsaturés

En plus de réduire la quantité globale de matières grasses de votre alimentation, vous devriez y intégrer des gras polyinsaturés – en général ceux d'origine végétale qui sont liquides lorsqu'ils sont chambrés – ou des gras monoinsaturés tels que l'huile d'olive chaque fois que faire se peut. Si vous ignorez quelles huiles sont saines, vérifiez l'étiquette du produit ou demandez à une diététicienne quelles sont les huiles végétales à déconseiller pour le cœur.

Fruits et légumes

La consommation de fruits et de légumes frais, à raison d'au moins cinq portions par jour, sera l'autre changement d'importance qui améliorera votre alimentation. Si vous pouvez également augmenter votre consommation d'autres aliments riches en fibres tels que le pain complet, le riz brun, les pâtes et les céréales complètes, en particulier les flocons d'avoine, vous aurez une alimentation qui favorisera la santé dans son ensemble, en plus de celle du cœur.

Heureusement, l'industrie alimentaire s'éveille à l'importance d'une alimentation saine et l'on trouve à présent de nombreux livres de recettes en ce sens. Nombre d'auteurs font cependant fi du coût supérieur de certains aliments de santé et des contraintes budgétaires qui en découlent. Si cela vous pose un véritable problème, vous devriez en discuter avec votre médecin. Peut-être avez-vous droit à certaines prestations ou alors une diététicienne pourrait vous conseiller sur la manière de budgétiser vos achats de la semaine.

Tabagisme

L'abandon du tabagisme compte des avantages réels qui se matérialisent dès le jour où vous cessez de fumer et, au bout de cinq années, le risque que vous encourez de faire une autre crise cardiaque sera diminué de moitié. Il faut toutefois cesser de fumer complètement ; diminuer le nombre de cigarettes grillées au cours d'une journée ou passer de la cigarette au cigare ou à la pipe réduisent peu le risque.

Nombre de gens ont de la facilité à cesser de fumer alors qu'ils séjournent à l'hôpital, mais il leur est plus ardu de conserver cette bonne habitude lorsqu'ils rentrent chez eux. Si vous fumez depuis l'adolescence, vous pourriez être devant une grande difficulté. Voilà où les membres de votre famille entrent en jeu parce que rien n'est plus épouvantable, lorsqu'on a envie d'en griller une, que de voir sa compagne ou son compagnon de vie ou sa fille se mettre à fumer. Il est interdit de fumer à l'hôpital et ce règlement devrait être observé à la maison !

Quel est le meilleur moyen d'abandonner le tabac ? La réponse est différente d'un individu à l'autre. Certains cessent de fumer d'un coup alors que d'autres préfèrent s'y essayer peu à peu, en réduisant leur consommation d'une cigarette par jour pendant plusieurs semaines. L'accoutumance à la nicotine est la grande responsable de cette difficulté ; voilà pourquoi des timbres transdermiques ou de la gomme à mâcher à la nicotine peuvent être très utiles pour certaines personnes.

L'un des facteurs qui rebutent les gens désireux d'arrêter de fumer tient à ce que l'on prend parfois du poids par la suite. Nous ne savons toujours pas avec certitude ce qui explique ce phénomène. Certes, on retrouve l'appétit, et quelques-uns commencent à consommer des bonbons afin de tromper l'envie de cigarettes. En moyenne, les gens qui abandonnent le tabagisme prennent entre 3 et 6 kg (7 et 14 livres) au cours des six premiers mois qui suivent le jour où ils cessent de fumer. Cependant, si l'on adopte de saines habitudes alimentaires et une alimentation pauvre en matières grasses en

même temps que l'on renonce à fumer, les kilos en trop disparaissent d'ordinaire peu à peu au cours des 6 à 12 mois qui suivent.

Les nouveaux médicaments que sont le bupropion (Zyban) et la varénicline (Champix) ont fait l'objet de beaucoup de publicité parce qu'ils sont très efficaces au niveau du sevrage tabagique. Ils ne conviennent toutefois pas à tous ; consultez votre médecin si vous pensez qu'ils pourraient vous être utiles.

Parfois, le seul fait de discuter avec d'autres fumeurs qui s'efforcent de renoncer à leur habitude nous est d'un grand secours. Plusieurs hôpitaux et établissements de santé tiennent des séances d'abandon du tabagisme. Certains jurent même que l'hypnose les a aidés. Parlez-en à votre médecin. Le moyen choisi nous importe peu, pourvu que vous renonciez à cette vilaine habitude !

Stress

Le moment est opportun, lorsqu'on est atteint d'angine ou d'une crise cardiaque, de revoir ses priorités. On peut alors se rendre compte qu'un travail qui occupait la majeure partie de son temps et qui bouffait quantité d'énergie semble soudain moins important que sa famille, ses amis et ses autres sphères d'intérêt. Bien que nous n'ayons aucune preuve scientifique qu'une modification de ses habitudes de vie réduit le risque de maladie du cœur, elle augmente assurément la qualité de la vie.

Facteurs de protection

Alcool

On a fait un tapage médiatique autour des effets bénéfiques de l'alcool, pour peu qu'on le consomme avec modération. Toutefois, consommer régulièrement de

Qu'est-ce qu'une unité d'alcool ?

Une bouteille d'un litre de spiritueux (brandy, whisky ou gin) contient environ 40 unités d'alcool.

un petit verre de xérès ou de vin fortifié	un verre de vin standard	250 ml de bière ou de cidre 125 ml de lager plus alcoolisée	une mesure d'apéritif ou de spiritueux

grandes quantités d'alcool peut abîmer le cœur aussi bien que le cerveau et le foie.

Qu'entend-on au juste par modération ? La quantité d'alcool que l'on croit bonne pour l'homme se situe entre deux et trois unités par jour, alors qu'elle est de deux unités pour la femme. Une unité est une mesure de spiritueux, un petit verre de vin ou un quart de litre (250 ml) de bière ou de cidre. Bien que l'on ait d'abord cru que le vin rouge était particulièrement indiqué pour prévenir les crises cardiaques, il semble à présent que l'alcool sous toutes ses formes ait le même effet.

Exercice physique

Faire régulièrement de l'exercice est aussi bon pour la santé et peut protéger de l'insuffisance coronaire. Plusieurs études faites aux États-Unis et en Europe montrent que les personnes qui font un exercice physique régulier (une séance de 20 minutes à raison de deux ou trois fois par semaine) réduisent leur risque d'être atteintes d'insuffisance coronaire comparativement aux personnes qui n'en font pas.

Si vous avez fait une crise cardiaque, on vous parlera d'exercice physique pendant vos séances de réadaptation. En fait, quiconque a déjà fait une forme d'insuffisance coronaire peut tirer profit de l'exercice physique. Si vous n'avez jamais fait d'exercice et que vous ignorez ce qu'il convient de faire, demandez conseil à votre médecin.

Le genre d'exercice choisi n'a probablement pas d'importance, à condition qu'il stimule le cœur et la circulation sanguine comme il se doit. Vous devriez vous adonner à des activités qui vous plaisent : la marche, la natation, le jogging, les exercices sur appareils, voire la danse. La plupart des gens doivent amorcer leur entraînement par des exercices en douceur et ajouter peu à peu au degré de difficulté. Si vous fréquentez un gymnase ou un cours d'exercice, on devrait vous apprendre des exercices d'échauffement à faire avant l'effort et de relaxation à faire après. Vous feriez bien de prendre l'habitude de les exécuter à chaque séance.

L'idée de faire de l'exercice jusqu'à en éprouver de la douleur a été grandement discréditée. Si vous avez une douleur, un étourdissement ou que vous éprouvez de la difficulté à respirer, cessez votre activité et reposez-vous. Ne faites jamais d'exercice si vous avez une blessure ou si vous ne vous sentez pas bien.

Collaborer avec votre médecin

Bien que le tabagisme et le manque d'exercice physique comptent parmi les principaux facteurs de risque et qu'ils soient pour une bonne part sous votre contrôle, il existe d'autres sphères pour lesquelles vous devrez collaborer avec votre médecin afin d'atténuer le risque de voir surgir d'autres problèmes. Les personnes atteintes de maladies qui les prédisposent à l'insuffisance coronaire, par exemple le diabète et l'hypertension, doivent en assurer la maîtrise en procédant à des examens réguliers.

Hypertension

N'oubliez pas de prendre vos comprimés avec régularité, même si vous n'avez aucun symptôme. Voyez régulièrement votre médecin pour qu'il évalue votre tension artérielle.

Diabète

Efforcez-vous de conserver votre poids idéal par rapport à votre taille. Faites en sorte que votre taux de glucose sanguin soit dans la norme en surveillant votre alimentation et en consommant les médicaments qui vous sont prescrits. Vous devez faire de l'exercice, car cela aide à réduire le poids, de même que cela réduit la quantité d'insuline dont vous avez besoin. Les diabétiques ont tout intérêt à maîtriser leur tension artérielle.

Taux de lipides élevé

Efforcez-vous de respecter votre régime, prenez les comprimés comme il se doit et faites des analyses de sang régulières.

Que faire en cas d'urgence

Une crise cardiaque peut survenir n'importe où ; tous devraient savoir que faire pour aider quelqu'un qui perd connaissance et dont le cœur cesse de battre.

Quel devrait être votre poids ?

- L'indice de masse corporelle (IMC) est une bonne mesure du poids santé.
- Chiffrez votre taille en mètre et votre poids en kilogrammes.
- Calculez votre IMC comme suit :

$$\text{IMC} = \frac{\text{votre poids (en kilogrammes)}}{\text{votre taille (en mètre)} \times \text{votre taille (en mètre)}}$$

$$\text{p. ex :. } 24{,}8 = \frac{70}{1{,}68 \times 1{,}68}$$

- Il est conseillé de maintenir un IMC qui oscille entre 18,5 et 24,9.
- Le tableau suivant vous aidera à évaluer votre IMC. Relevez votre taille et votre poids. Le point de rencontre des deux lignes indique votre IMC.

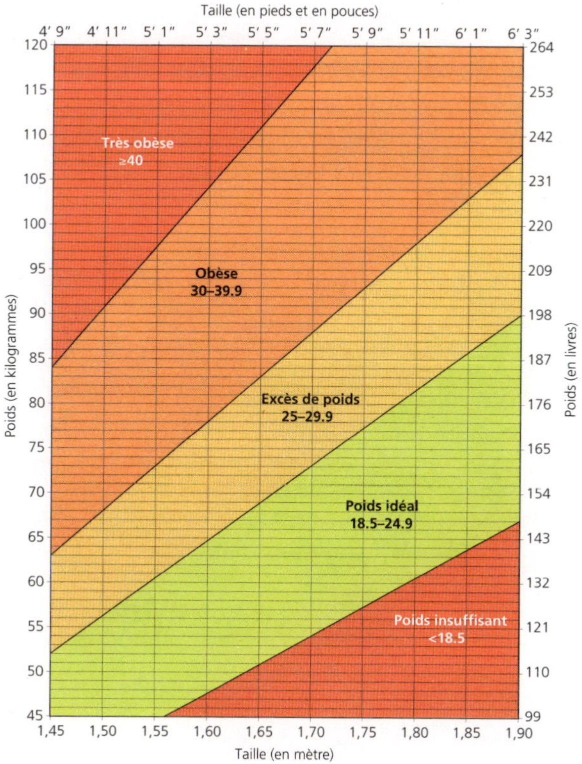

La réanimation cardiorespiratoire est chose facile à maîtriser et peut sauver la vie.

La Brigade de l'Ambulance Saint-Jean s'emploie à enseigner cette technique de même que certains hôpitaux. Si vous (ou l'un de vos proches) éprouvez une douleur thoracique qui semble identique à la douleur au cœur ressentie lors d'une crise cardiaque antérieure, voici quelques mesures qui vous seront utiles :

- reposez-vous, en position assise ou allongée ; prenez du trinitrate de glycéryle et patientez cinq minutes ;
- si la douleur est toujours aussi forte ou si elle s'amplifie après 5 ou 10 minutes, prenez une autre dose ;
- si vous ne constatez aucun changement, appelez les ambulanciers ;
- croquez un cachet d'aspirine (à moins d'y être allergique), ce qui éclaircira le sang et préviendra la formation de caillots.

QUE FAIRE EN CAS D'URGENCE

Voies aériennes : vérifiez que rien n'empêche l'air de pénétrer dans le nez et la bouche.

Respiration : vérifiez si la respiration est spontanée.

Circulation : prenez le pouls au niveau du cou.

Si la personne ne respire pas seule et si vous ne sentez pas son pouls, elle fait probablement un arrêt cardiaque. Demandez de l'aide et, si vous savez comment faire, administrez-lui un massage cardiaque.

POINTS CLÉS

- L'acquisition de saines habitudes alimentaires améliore la forme physique et contribue à la santé du cœur.
- Les médicaments prescrits afin de réduire le taux sanguin de cholestérol réduisent le risque d'insuffisance coronaire.
- L'abandon du tabagisme réduit le risque d'insuffisance coronaire avec le temps et des effets bénéfiques se font sentir sur-le-champ.
- Faire régulièrement de l'exercice améliore la santé du cœur et la circulation sanguine.

Index

Vos pages

Nous avons inclus les pages ci-après en vue de vous aider à gérer votre maladie et son traitement.

Avant de fixer un rendez-vous avec votre médecin de famille, il serait utile de dresser une courte liste des questions que vous voulez poser et des choses que vous ne comprenez pas afin de ne rien oublier.

Certaines des sections peuvent ne pas s'appliquer à votre cas.

Soins de santé : personnes-ressources

Nom :

Titre :

Travail :

Tél. :

Nom :

Titre :

Travail :

Tél. :

Nom :

Titre :

Travail :

Tél. :

Nom :

Titre :

Travail :

Tél. :

Antécédents importants – maladies/ opérations/recherches/traitements

Événement	Mois	Année	Âge (alors)

Rendez-vous pour soins de santé

Nom :

Endroit :

Date :

Heure :

Tél. :

Nom :

Endroit :

Date :

Heure :

Tél. :

Nom :

Endroit :

Date :

Heure :

Tél. :

Nom :

Endroit :

Date :

Heure :

Tél. :

Rendez-vous pour soins de santé

Nom :

Endroit :

Date :

Heure :

Tél. :

Nom :

Endroit :

Date :

Heure :

Tél. :

Nom :

Endroit :

Date :

Heure :

Tél. :

Nom :

Endroit :

Date :

Heure :

Tél. :

Médicament(s) actuellement prescrit(s) par votre médecin

Nom du médicament :

Raison :

Dose et fréquence :

Début de l'ordonnance :

Fin de l'ordonnance :

Nom du médicament :

Raison :

Dose et fréquence :

Début de l'ordonnance :

Fin de l'ordonnance :

Nom du médicament :

Raison :

Dose et fréquence :

Début de l'ordonnance :

Fin de l'ordonnance :

Nom du médicament :

Raison :

Dose et fréquence :

Début de l'ordonnance :

Fin de l'ordonnance :

Autres médicaments/suppléments que vous prenez sans une ordonnance de votre médecin

Nom du médicament/traitement :

Raison :

Dose et fréquence :

Début de la prise :

Fin de la prise :

Nom du médicament/traitement :

Raison :

Dose et fréquence :

Début de la prise :

Fin de la prise :

Nom du médicament/traitement :

Raison :

Dose et fréquence :

Début de la prise :

Fin de la prise :

Nom du médicament/traitement :

Raison :

Dose et fréquence :

Début de la prise :

Fin de la prise :

Questions à poser lors des prochains rendez-vous

(Note : N'oubliez pas que le temps que peut vous consacrer votre médecin est limité. Il est donc préférable d'éviter les longues listes de questions.)

Questions à poser lors des prochains rendez-vous

(Note : N'oubliez pas que le temps que peut vous consacrer votre médecin est limité. Il est donc préférable d'éviter les longues listes de questions.)

Notes